陋規案

甘国宝传奇

苏旭东 编著

海峡出版发行集团 THE STRAITS PUBLISHING & DISTRIBUTING GROUP | 鹭江出版社
·厦门·

图书在版编目(CIP)数据

甘国宝传奇：陋规案 / 苏旭东编著. -- 厦门：鹭江出版社，2025.3
ISBN 978-7-5459-2234-9

Ⅰ. ①甘… Ⅱ. ①苏… Ⅲ. ①甘国宝—人物研究 ②廉政建设—历史—史料—中国—清代 Ⅳ. ① K825.2 ② D691.49

中国国家版本馆CIP数据核字(2023)第228103号

出 版 人　雷　戎
责任编辑　叶菁菁
美术编辑　林烨婧
装帧设计　黄　炜
封面题字　傅　翔

GANGUOBAO CHUANQI LOUGUI'AN
甘国宝传奇　陋规案
苏旭东　编著

出版发行：鹭江出版社
地　　址：厦门市湖明路22号　　邮　　编：361004
印　　刷：福州麟造印刷有限公司
地　　址：福州市晋安区福兴投资区福兴大道17-2a　　联系电话：0591-87484875
开　　本：700mm×1000mm　1/16
印　　张：12.5
字　　数：180千字
版　　次：2025年3月第1版　　2025年3月第1次印刷
书　　号：ISBN 978-7-5459-2234-9
定　　价：88.00元

目录

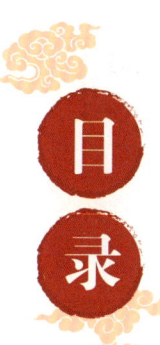

第一部分　平讲戏《陋规案》

第二部分　历史题材小说《陋规案》

第三部分　“陋规案”相关资料

第一部分

平讲戏《陋规案》

新编屏南平讲戏《陋规案》剧本

■ 编剧：饶晓　■ 演出单位：屏南县漈头平讲戏剧团　屏南县漈头平讲戏传习所

剧情简介

历史廉政题材剧《陋规案》讲述的是清乾隆二十六年(1761年)至乾隆二十九年(1764年)年甘国宝担任福建水师提督期间的案件。

53岁的甘国宝离台赴闽任福建水师提督，他强调“防陆者不可处于家，防海者不可处于陆”， 甘国宝勤于防务，为水师春秋两操、修缮船只批用银两时，从属下处得知“陋规银”惯例，因陋规存在已久且自己是公事公用而麻痹大意未予禁绝。不料，在批用过程中，部下层层加塞，终成贪墨。甘国宝在台湾的故友林老板来闽，不服洋行摊派盘剥，将陋规贪墨之事告知甘国宝。甘国宝闻之震怒，誓要查出幕后主使。甘夫人因甘父病重前来催促甘国宝回乡探望，甘国宝将计就计，命家人放出告假回家探亲的消息，实则与夫人乔装成南洋商人往洋行探查案情，亲自部署抓获了犯首董七及一干贪墨官吏。

甘国宝深刻反思“陋规案”的始末，认为自己纵容了“陋规案”的发展，实与收受一样。为了警醒自己与后人，他写下“居官廉慎”四字，并接受降级处置，到云南开化任总兵。

2018年11月，福建省宁德市屏南县委宣传部、屏南县文化体育局、屏南县棠口镇人民政府共同出资，屏南县漈头平讲戏剧团、屏南县漈头平讲戏传习所的《陋规案》剧目参加第七届福建省艺术节第二十七届戏剧会演。屏南县漈头平讲戏剧团是当时参加戏剧会演唯一的一个民间剧团，《陋规案》剧目获得与会专家、观众的一致好评，一举荣获六个奖项。

人物表

甘国宝——字继赵，号和庵，清朝乾隆时期福建省福州府屏南县人，雍正十一年武进士，清代名将。擅画虎，多以手指绘之。

廖雪娇——甘国宝之妻。

王秀秀——花魁女。

董　七——厦门商霸。

赵参将——水师衙门官员。

钱守备——水师衙门官员。

孙千总——水师衙门官员。

李把总——水师衙门官员。

陈　妈——廖雪娇之仆妇。

梅　英——王秀秀之侍女。

仆人甲——董七家奴。

仆人乙——董七家奴。

林老板——台湾客商。

林　旺——林老板之仆。

其　他——副将、军士、百姓若干。

第一场

内　　奉天承运，皇帝诏曰：闽粤乃国之门户，台岛海外孤悬。南粤海坛，用兵之地，旨命甘国宝为福建水师提督，统领军务。尔任要职，务必勤谨内外，持廉秉公，殚心奋勇，以称其职！钦此。

甘国宝　（内）万岁，万万岁。

【台湾。】

【海边，回闽的船只整装待发。】

【甘国宝上。】

甘国宝　（唱）台岛任职三年整，
圣上嘱托记在心。
初登台岛翻山涉水，
劝桑劝稼治躬耕。
把移民山民看待平等，
兴学倡礼教众人。
今日里奉旨福建调任——

林　旺　（内）甘大人住步！

甘国宝　（唱）何人阻行舟喊叫高声？

【林老板与仆人林旺及民众上。】

林老板　甘大人，住步！

甘国宝　林老板，你怎么来了？

林老板　闻听甘大人调任福建，特地与众乡亲一同前来，为大人饯行来了。

众　人　是啊！甘大人为护岛卫民做了许多功绩，我们真难舍大人离开啊。

甘国宝　多谢众位盛情！想我甘国宝三年奉圣命镇守台湾一朝离岛颇为难舍。

林老板　甘大人既是不舍，就不该不辞而别，我当初遭盗匪抢劫，若不是您甘大人搭救哪有今天的家业，我难道会舍得大人离去？

林　旺　不光是我们老爷难舍，我林旺和台岛百姓都舍不得大人离去。
林老板　林旺，给甘大人斟酒！
林　旺　是。
【林旺斟酒。】
林老板　甘大人！请
甘国宝　（唱）双手接过林兄酒，
心涌往事意拳拳。
饮罢了这杯酒登程去，
谢你们盛情步青云。
林老板　（唱）薄酒一杯敬大人，
我代众位表寸心。
祝大人仕途多如意，
世世代代做公卿。
甘国宝　（唱）不求世台多荣耀，
不求公卿爵禄高。
为官勤正最紧要，
为商诚信售路多。
林老板　林某谨记大人金言嘱咐，乡亲们送甘大人一程。
众　人　是！
（唱）美酒敬罢甘总兵，
护岛佑众官民钦。
只缘公务离台岛，
码头送别情依依。
副　将　启大人，官船马上起航，请大人登舟。
甘国宝　知道了。众位乡亲，甘国宝告辞了！
【甘国宝登船别去，林家主仆及台众翘首送望。切光。】
【追光起，打着“董”字灯笼的仆人甲、乙上。】
仆人甲　（念）下人好比一条狗，
仆人乙　（念）蹲在豪强家门口。
仆人甲　（念）让我咬谁我咬谁，

仆人乙　（念）让咬几口咬几口。
仆人甲　（念）听说要来甘国宝，
仆人乙　（念）不知是喜还是忧。
仆人甲　（念）但愿此人好接近，
仆人乙　（念）拉拢过来不用愁。
仆人甲　听说新任水师提督甘国宝已到厦门，七爷叫我等去打听打听这个甘国宝到底是何许样人。
仆人乙　甘国宝啊，我倒有打听一二。
仆人甲　哦？你说说看？
仆人乙　听说啊，他是屏南人氏，据说他母亲是梦虎而孕。
仆人甲　哦？
仆人乙　他出生的时候，神力十足，床前地面陷，门后墙壁塌。知道的人啊，都说他是老虎精转世！
仆人甲　老虎精转世？
仆人乙　老虎精！
仆人甲　我看你是唬人精。小小婴孩，不过几斤，哪里能那么大的力气。
仆人乙　精怪的东西与凡人当然不一样。
仆人甲　后来又怎样啊？
仆人乙　屏南是个武术盛行的地方，这个甘国宝从小习文练武，很快就成了文武全才，一路考试直到中了武进士，就在皇宫里当起了皇家侍卫。
仆人甲　怪不得会当水师提督！
仆人乙　当今万岁亲封他到广东做官，后又派他往贵州、江浙任职，又授他为台湾总兵，可谓功劳赫赫，我看此人来头不小。
仆人甲　好了好了，你也不要长他人志气，灭自己威风，只要我们七爷出手，就没有摆不平的事。就算他不爱钱，我们七爷还有“秘密武器”！
仆人乙　什么秘密武器？
仆人甲　你真真“也颗”呀！什么秘密武器你都不知道？嘿嘿，就是这——（学旦角亮相）

仆人乙　色？！

仆人甲　轻声一点！

【切光】

第二场

内　众军士，操练起来！

【战鼓声起，画角声鸣。】

【校场上，水军将士们进行操练，阵形变化，器械演练，甘国宝戎装与属下检阅。】

甘国宝　好哇！

（唱）膺圣命驻东南军务当任，
回首看弹指间半百之龄。
三十年东西南北行走遍，
三十年宦海中惯经浮沉。
三十年看了多少舟翻浪滚，
三十年看了多少人生浮沉。
人生无甚之诀要，
勤勉两字座右铭。
看我水师雄壮威严士气振，
但愿得再建功勋为国为民。

【赵参军上。】

赵参军　启大人，厦门商会董老板有拜帖到。

甘国宝　董老板？

赵参军　就是本地有名的大商人董七，说是代表商界前来劳军。

甘国宝　劳军？（思考片刻）

赵参军　人已到了，在提督府衙门候您多时了。

甘国宝　好，我知道了。传令下去，说我稍后就到。

赵参军　是。

甘国宝　正是——

（念）抗击海盗国门稳，巡海固防挡贼人。

【甘国宝与众人下。】

【王秀秀在丫鬟梅英的陪伴下上。梅英抱一面琵琶。】

秀　秀　（唱）道旁花枝春意降，
一路行来自嗟伤。
曾记年幼娇憨样，
爹娘捧得明珠光。
一遭流落烟花巷，
好似骰子任抛扬。
见惯了假情义口中讲，
禽兽衣冠甚堂皇。
推杯换盏逢场戏，
不过富贵夸娘行。
堪羡无盐钟离春，
不把花容惹虎狼。
虽说世人多一样，
总有知音解秀娘。

梅　英　秀秀姐，想你身为花魁，多少达官贵人费尽功夫要见你一面都难，今天为什么要专门去给这个新上任的甘大人唱曲？

秀　秀　往日唱曲，只为身在花街，不得自由。那董七仗着自己有钱有势，与鸨母交易，迫我去拉新官同流。想这世上，多少好人，都毁在了这钱色之下。今日乃是我久闻甘大人的贤名，终得一睹英姿，何乐不为？

梅　英　秀秀姐啊，你说得对，哦，也不对。

秀　秀　哦？

梅　英　能被钱色买动的就不是好人，真是好人，又怎会为钱色所动？

秀　秀　你说的也有道理，世事并非非黑即白。就好比今日，计是他们出的，钱是他们使的，可是走去的脚确是我自己的。难道说，就不是我的错了。

梅　英　有命做公主，哪个要做花魁？秀秀姐你家道衰落，被卖入烟花做了清倌人，都是陈年的往事，改又改不了，怎么能说是你的错。

秀　秀　你呀，真是个傻丫头。

梅　英　秀秀姐，你莫看院中姐妹都说我傻，其实我一点都不傻。梅英知道，你一直在找一个可以懂你的知音。对不对？

秀　秀　你这个鬼灵精！

梅　英　看看，傻丫头又变鬼灵精了。

秀　秀　好啦好啦，眼看到了，少时你要少说多看。

梅　英　晓得。

【梅英引秀秀下。切光。】

董　七　（内）甘大人请！

甘国宝　（内）董老板请。

【甘国宝同董七上，分宾主落座。】

甘国宝　董老板乃商界贤达，出资劳军，甘某无以为谢，清茶一杯，不成敬意。

董　七　（闻茶）甘大人你身为水师提督，就喝这样的茶叶？小人在老家倒有几块茶园，这有几块“特制的茶饼”，成色好，分量足，还请大人笑纳。

【董七献上礼盒，甘国宝按住盒盖。】

甘国宝　喝茶但为止渴，怎可铺张，心领。

董　七　（眼珠一转）都说是酒逢知己饮，诗向会人吟。清早开门七件事，柴米油盐酱醋茶。茶若不好，岂不辜负大人你的知音。

甘国宝　知音？

董　七　适才小人与甘大人真是一见如故，相见恨晚呐。

甘国宝　甘某一届武夫，不通音律。

董　七　只怕大人是嫌董七粗鄙，不衬知音。大人的知音，恐怕还在别处。

甘国宝　董老板，你此话怎说？

董　七　可容草民引荐一人？

甘国宝　何人？

董　七　大人你请稍候，梅英——

【梅英引秀秀上。】

甘国宝　这位是？

秀　秀　藏春院清倌人王秀秀见过甘大人。

甘国宝　董老板，你这是何意？

董　七　要论音律，八闽之中，当属秀秀姑娘冠压群芳。大人但听一曲，再做品评？

甘国宝　（略思）今日公事已毕，偶赋闲情，也好。

秀　秀　如此，献丑了——

【梅英下，秀秀理弦坐下。】

甘国宝　（唱）不请自来有蹊跷。

秀　秀　（唱）他人哪知道计笼牢。

董　七　（唱）但凭她一曲菱歌将人套。

秀　秀　（唱）无奈何怀抱琵琶暗观瞧。

大人，我唱了。

（唱）有意诉说怕惊蛇动草。

甘国宝　（唱）不变应变以逸待劳。

秀　秀　（唱）我指间弹出弦外调。

董　七　（唱）他英雄难过美人桥。

秀　秀　大人，你听了。

（歌）郁郁涧底松，
离离山上苗。
地势使之然，
由来非一朝。
世胄蹑高位，
英俊沉下僚。
叹彼径寸茎，
欺它百尺条。

甘国宝　（唱）她似喻似兴话中绕，

秀　秀　（唱）他似懂非懂随节敲。

甘国宝　（唱）我不免为探蛟穴放长钓，

秀　秀　（唱）我不免另谋时节续话梢。

甘国宝　秀秀姑娘之曲果然独步当今。

秀　秀　岂敢，有污尊听。改日还请降光。

甘国宝　军务繁忙，再议，再议。

董　七　（自感此计不成）哦，甘大人，你看时候不早，我们就此告退了。

甘国宝　恕不远送。

【董七、王秀秀下，赵参军持账簿上。】

赵参军　大人，这是今年春秋两操添加船只用费，是否按惯例，从洋行付出？

甘国宝　船只用费与洋行何干？这惯例又是何例？

赵参军　大人新来此地有所不知：大人专属武事，乃是不扶油葫芦的袖手家翁。想我们提督衙门，哪有那么许多的银子犒劳三军？朝廷连年用武，饷银能够按时也是好的了，更何况犒军的费用？更加上今儿个要接待，明儿个要应酬，三节两寿，四时八令给朝中的孝敬，哪一样不要花钱？您这才到一月，原本就不富裕的账上就空了。慢说是您，就是前几任的老爷，也都头疼不已。偏偏的我们旗下各汛，港口繁茂，往来船只如流水一般，修缮港口的费用少不了！也是各位往来的商家，洋行的经理看着我们当军的辛苦，因此上聚众请愿，按着进出的税收多给了一点火耗银子，作为衙门财政的一点小小的补贴，原也是取之于民用之于民，这钱一分也不入大人您的口袋，一文也进不了卑职我的腰包。公事公用，也是有章可循，有账可查的。

甘国宝　哦，是百姓请愿？

赵参军　都是自愿。

甘国宝　公事公用？

赵参军　绝无私挪。

甘国宝　有章可循？

赵参军　历来都是这么办的！

甘国宝　有账可查？

赵参军　大人请看。（递上账本）

【舞台一侧，董家仆人暗上。】

甘国宝　（接看）嗯，果然如此，公事公用，料也无妨，此事当允！（提笔批示）

仆人甲　看到没，看到没，还是我们七爷厉害！

仆人乙　就是就是，明给他不要，女人么，爱理不理，反倒例银，他倒是用得挺快！

仆人甲　只要开了头，一发不可收。

仆人乙　我们就等着好戏看啰！（切光）

第三场

【赵参军、钱守备、孙千总、李把总上。】

赵参军　（数板）一纸公文批下了，
今儿个宴宾客，
明儿个把军犒，
真是家穷饿死猫！

钱守备　（数板）提督衙门又修缮，
不能自己掏腰包。
见了参军忙问道，
账簿可曾批下了？

赵参军　（数板）批下了。

钱守备　（数板）那就好。
官价出银钱，

赵参军　（数板）洋行采办好，

钱守备　（数板）船也修，军也犒，
坏了的房顶谁来造？

赵参军　（数板）修房屋，钱几吊？
该报才报别乱套！（将账簿递给钱守备，下）

孙千总　（数板）既然给钱修房顶，
文房添办、幕僚补贴、桌椅采买行不行？

钱守备 （数板）合情合理都好讲，
你我不曾饱私囊。
多余砖瓦没处放，
不浪费，来来来，装修我的小书房！（将账簿递给孙千总，下）

李把总 （数板）自从提督到了任，
天天忙得不像人。
亲戚朋友都疏远，
老婆说我养情人。
几天洋行撞了鬼，
不服摊派好几成。
查清背后谁主使，
竟然是个台湾人。

李把总 哎呀，千总大人，有要事找您商量。

孙千总 你有什么事儿啊？

李把总 就是说啊，前几天董大老板请客，来了个台湾的客商，不服洋行商会的摊派，说这事不合法，还要找提督衙门去告状。您说说，这都多少年的惯例了，到他这里就不合法了。

孙千总 嗨，我当是多大的事情，不就是几两银子嘛！说过多少遍了（用烟杆敲李把总的头），我今天跟你说啊，平日不要去外面招风，你就是不听。这回多亏甘大人给批了，不然你那点招待费也是没地方补咯。

李把总 怎么，甘大人批了？

孙千总 （拿账簿）批了，批文在这。（递给李把总）

李把总 那大人，这招待费？

孙千总 也从这里面走了。

李把总 那您老家亲戚的人参？给各房夫人的珍珠燕窝呢？

孙千总 我拿一个官价，你去让洋行采办就好。（给清单）

李把总 得，属下明白了！

【孙千总下，林老板急冲冲上，撞到李把总。】

李把总 哎哟，就是这小子。我说你上这儿干什么来了？

林老板　你们勾结洋行乱行摊派，我要找提督衙门理论理论。

李把总　理论？你找谁理论啊？

林老板　新任水师提督甘大人！

李把总　小子，就凭你？（亮出手上的账簿）看见没，这是甘大人亲笔签署的批文，洋行的摊派，就是提督衙门的意思，就是甘大人的意思！

林老板　啊？

李把总　你啊，赶紧回家准备钱吧——不识抬举的东西，哼！（推林老板，下）

林老板　是甘大人的意思？不行，待我前去问个明白！（林老板下，切光。）

【起光。甘国宝住处，甘国宝正在画指虎。】

甘国宝　（唱）人生一世草一秋，
闲来偶然羡沙鸥。
少年子弟江湖老，
国事家事两挂忧。
有心回家奉双亲，
重任在肩岂敢休。
画虎只为威风有，
捍卫国海防敌寇。
离却画案来净手——

内　夫人到。

甘国宝　（唱）夫人远来是何由？
有请夫人。

【廖雪娇同陈妈上。】

廖雪娇　老爷！

甘国宝　夫人！夫人，你怎么来了？

廖雪娇　老爷！
（唱）老太爷卧病榻久治不愈，
家信屡催不见你回程。
年迈之人风前残烛，

命我同陈妈递信来临。
不顾弱质爬山涉水军营去，
他要你亲拆家书看分明。
书信在此，老爷请看！

【廖雪娇递信，甘国宝拆观。】

幕　后　（唱）儿如当空日，
父是风地灯。
日升万民暖，
灯熄自抱冰。
莫以父为念，
珍重名与身。
勿使浮云遮，
不负骨铮铮。

甘国宝　爹！孩儿不孝呀！
（唱）家书纷纷如飞雪，
言道老父病床头。
字字催回思骨肉，
句句锥心惹泪流。
夫人，你且稍待，待我料理手中军务，再做安排。

廖雪娇　便依老爷。

内　林老板求见！

甘国宝　夫人，你且一旁稍待，我去会一个朋友。

廖雪娇　是。

甘国宝　有请林老板。

【廖雪娇、陈妈转座，林老板上。】

甘国宝　林老板，今日哪阵风把你给吹过岸来，一向可好？

林老板　（带气）拖您的福，好。

甘国宝　最近发财？

林老板　您发财！

甘国宝　诶，我身在公门，哪有什么财好发！

林老板　身在公门才好发财啊！

甘国宝　这……（听出弦外之音）林老板，你我是多年的朋友，你今日来应该有什么要紧的事，只管说来，只是府下还有一些私事……

林老板　这是摊派公文，您自己看吧。（将册子气掷桌上）甘大人，只因林某不服摊派，要问个明白，就被洋行扣了货物，押了船只，打了手下，还限令我三日之内离开福建，再敢经商就以走私论处。若不是您提督衙门的军令，谁敢这样地大胆摊派？如果没有大人的首肯，谁敢这样横行？

甘国宝　这？！

林老板　甘大人呐！

（唱）说什么廉洁自守心胸坦，
官场如染谁能清白自保全？
怪我双眼看错人，
从今后割席分坐各一端。

甘国宝　哦！

（唱）只说是勤勉治军安八闽，
又谁知萧墙事起暗觉惊。
若非林兄来提醒，
浑然梦中不能明。
兵强马壮有何用，
保不得海路无涯任通行，辜负当今一片心。
忽然梦醒心犹悸，
不觉冷汗背上淋。
事不宜迟当立断，
恨不当初履薄冰。

夫人，你去衙门稍候，待本督亲自带领人马前往洋行，将此事探个明白。

廖雪娇　老爷，此事还有蹊跷。

林老板　夫人，你莫非不信在下？

廖雪娇　不是哟！

（唱）摊派文书有印信，

自然是真非虚情。
明察未必得确信，
不如暗访真相明。

甘国宝　夫人言之有理。这暗访么……诶，不过要烦劳夫人一件事情。

廖雪娇　老爷有话请讲。

甘国宝　烦劳夫人扮作南洋来的商贾妇人，去到洋行 ，假称贸易，也好探明真情。

廖雪娇　只是我一个妇道人家，不通贸易，倘有破绽？

甘国宝　这……

陈　妈　老爷啊！

（念）叫声老爷勿沉吟，
且听仆妇把言明。
有道演戏演全本，
找个假仆伴夫人。

（唱）伴夫人。

甘国宝　嗯！言之有理。这假仆人么，就由我去。

林老板　唉，怎好让大人屈尊。我去也就是。

甘国宝　哎，他们都认识你了啊。

林老板　哎呀，是呀。

甘国宝　就是我去。

廖雪娇　只是委屈老爷。

甘国宝　（拉廖雪娇）夫人，走！

陈　妈　老爷，您这身打扮，瞎子都晓得您是提督大人啊。

甘国宝　这样讲还要改装改装？

陈　妈　您等着我去拿衣裳。

甘国宝　好。

【甘国宝示意林老板稍坐，自己随陈妈、廖雪娇往屏风后更衣。】

【甘国宝扮仆人上，大家相视而笑。】

廖雪娇　老爷如此打扮，倒有几分滑稽。

甘国宝　林老板，三日之后，我定当给你一个答复。

林老板　林某先前失礼之处，还望大人多多包涵！时候不早，告退了。

甘国宝　恕不远送。

【林老板下。】

甘国宝　夫人，洋行走一趟！（拉廖雪娇又要走）

陈　妈　（拦）唉——老爷呀，错啦！

甘国宝　哪里错？

陈　妈　老爷啊，你是大人做多了，不晓得下人的规矩。下人走路，不能这么走。您这龙行虎步，一看就是“山寨”。

甘国宝　那要怎么走？

陈　妈　您看，是这样——

【陈妈演示，扶廖雪娇行路。】

甘国宝　还有这样的规矩？

陈　妈　行行都有规矩。

甘国宝　好！我来试验试验。（学）夫人走在前，下官跟在后，夫人走，下官走，夫人停，下官停。不紧、不慢、左右刚好。伞由下官打，腰要躬、手要稳，不高不低，就是这样走——（三人笑）

陈　妈　老爷啊，感觉如何？

甘国宝　真不容易啊。

廖雪娇　老爷。

甘国宝　错啦！

廖雪娇　怎么？我也错了？

甘国宝　哪有夫人叫仆人老爷的道理。

廖雪娇　哦哦哦。

陈　妈　老爷，你演仆人，要取一个艺名啊。

甘国宝　正是要取一个艺名，（抬眼看见指虎画）就叫阿虎可好？

廖雪娇　嗯，这个好。

甘国宝　陈妈，你去准备马车，一路之上，就说我和夫人回老家探望老太爷的病情，不可走漏风声。

陈　妈　是。（欲下）

甘国宝　慢。再叫几个家丁以采买为名守候左右，要有突发情况也好应对。

陈　妈　是。

甘国宝　夫人，洋行走一回呀！

廖雪娇　我说阿虎啊。（笑）

甘国宝　（认真地打起伞）喳。

廖雪娇　洋行去。

甘国宝　知道。（切光）

第四场

【厦门洋行。】

【仆人甲、乙正喝酒，乔装的甘国宝上。】

廖雪娇　（内）阿虎。

甘国宝　哎！

廖雪娇　（内）你慢慢走。

甘国宝　知道！

【甘国宝转回为廖雪娇撑伞行路。】

廖雪娇　你看，到此已是洋行，我说老……

【廖雪娇险些说错，甘国宝提醒，二人四下观望。】

廖雪娇　你去看看何人听事，就说南洋的客商来采办。

甘国宝　是！

【甘国宝待进洋行，廖雪娇担心，甘国宝示意她不要担心。】

甘国宝　各位请了，我们是南洋的客商，我家夫人命小的前来采办。请问，今天是哪位老爷当差啊？

仆人甲　我说你这老小子到底知道规矩吗？

甘国宝　什么规矩？

仆人甲　你到底是来买还是来卖？

甘国宝　买怎么样？

仆人甲　买自然只能从我董氏商行买啰。

甘国宝　那卖呢？

仆人乙　卖自然也只能在我董氏商行卖啰。

【甘国宝暗惊。】

甘国宝　这贸易公平，哪有强买强卖之理？

仆人乙　你是头一回来我们厦门呐？

甘国宝　是。

仆人甲　你不知道我们福建厦门港上是我们董七老爷说了算？

仆人乙　这进出的税收，也是我们董七老爷理定的。

仆人甲　我们董七老爷看上的货物，没有买不到的，也没有卖不掉的。

仆人乙　你要是听话还好，不听话，我们董七老爷告到提督衙门，没收你的货，扣押你的船，人收监，货“充公”。吃不了，兜着走。

廖雪娇　（上前）你难道就没有王法？

仆人甲、仆人乙　王法？什么王法？我们董七老爷就是王法。

仆人乙　我实话告诉您，早先我们老爷送了提督大人一个美人歌妓，他可是收下啦……

甘国宝　胡说！（赶紧冲廖雪娇摆手示意没有这回事）

仆人甲　胡说？你说哪有不偷油的耗子，不贪腥的猫。

仆人乙　我们闲话不说，还是说公平买卖按物纳税。

甘国宝　按照朝廷的律例，该收多少是多少，只是这收缴，该由有司来收吧？

仆人甲　说了半天，您还不明白啊？强龙还要怕地头蛇知道吗？

甘国宝　不知要收多少？

仆人甲　不多不多。

仆人乙　出口匹丝五两整。

仆人甲　进口每船百两银。

甘国宝　若是不交呢？

仆人甲　拿往有司，

仆人乙　走私论处。

仆人甲　货物充公，

仆人乙　禁止贸易。

甘国宝　可有先例？
仆人甲　历来如此。一笔笔都在账上记着。
甘国宝　可否让在下一观？
仆人乙　你看，都在这呢。
【甘国宝翻看账簿，冷笑。】
甘国宝　呵呵呵呵，你可知我是何人？
仆人甲　一个服侍人的糟老头子。
甘国宝　我就是福建水师提督甘国宝！
仆人乙　（上前打量）切，你是甘国宝？
甘国宝　正是！
仆人甲　你要是甘国宝，我还是甘国宝他爹！
甘国宝　呸！
【甘国宝与仆人甲、仆人乙开打，军士上，将仆人甲、仆人乙俘虏。董七现身。】
董　七　甘国宝！你居然会找到这里。
甘国宝　不是你当日献曲，我焉能到此。
董　七　你以为你当过御前侍卫，是个武进士就能奈何得了我？
甘国宝　不相信就试一下。
董　七　你以为能称霸八闽，是单凭一张嘴吗？我今天就和你拼了——
【董七与甘国宝打斗，被甘国宝打败。董七欲逃，被军士拦住去路。】
甘国宝　来！
军　士　在。
甘国宝　将董七一干人犯押解提督衙门。
军　士　是。（切光）

第五场

【李把总、孙千总、钱守备、赵参军上。】
李把总　（念）听闻董七被抓，

叫人心中惊讶。

孙千总　（念）昨天过府饮宴，

还是嘻嘻哈哈。

钱守备　（念）既然例银不变，

按说算是一家。

赵参军　（念）别人犯事我怕，

怕的顺藤摸瓜！

内　诸位大人，少时我家大人公堂审案，你等小心伺候。（切光）

【提督大堂。】

副　将　大人有令，击鼓升堂——

内　是！

【鼓响，甘国宝升堂。】

【赵参军、钱守备、孙千总、李把总忐忑上。】

四　人　参见大人。

甘国宝　免。

四　人　谢大人。

甘国宝　来！

众　人　在。

甘国宝　将董七一干人犯押上堂。

众　人　是。

【董七与仆人甲、仆人乙被押上。】

董　七　参见大人。

甘国宝　董七！

（唱）一见董七跪堂下，

骂一声贼子听根芽：

前番贿赂胆子大，

逼良为娼入烟花。

斗胆聚众来抗法，

快快招认免刑罚。

董七，你如何利用贪派余利贿赂各方官员，还不从实招来。

董　七　哼，事到如今，我也不怕你。甘大人，我劝你还是不要审的好。这里面的水可深着呢！　小心叫您这八闽水师天翻地覆。

甘国宝　（唱）地覆天翻又何惧，
　　　　　　王子犯法与民同。
　　　　　　拼着朝服与顶戴，
　　　　　　不叫清廉二字空。
　　　　不动大刑，量尔不招，来——

仆人甲、
仆人乙　慢着慢着！

仆人甲　【扑灯蛾】大人且息怒，小人招从头。
仆人乙　摊派事已久，
　　　　董七是主谋。
董　七　你！
仆人甲　【扑灯蛾】件件记在册，不敢耍滑头。
仆人乙　要问例银何处去——
仆人甲、
仆人乙　把总大人知详由。
甘国宝　是呀，要好好问一问他才是。
董　七　是啊，要好好问一问自己人才是啊！
四　人　董七你！
甘国宝　将他二人押入大牢听候发落。
众　人　是。
　　　　【军士押仆人甲、仆人乙下。】
甘国宝　李把总。
　　　　【李把总跪倒。】
甘国宝　还不从实招来。
李把总　大人，这银钱并非俱是小人收受，想小人身为把总，这么上传下达，来来回回跑腿待命，上上下下行走办差。这人吃马喂总得有个进项。军中的男子，本就爱交朋友，偶尔的一点酒钱菜钱，洋行商会的朋友给支应一下也是有的。
甘国宝　账簿上还有人参燕窝、珍珠玛瑙。

李把总　大人，人参燕窝、珍珠玛瑙俱都是孝敬千总大人的。

甘国宝　嘟！

【孙千总跪倒。】

孙千总　大人！想您到闽以来，体恤下情，爱兵敬士，卑职所增加的摊派，不过是各司文房的笔墨纸砚，各府幕僚的寒暑津贴。卑职在外为官，因着这水师的便利，按官价给老家亲戚带了点补品，给夫人买了点燕窝，卑职情愿罚俸补偿。大人开恩！

甘国宝　这修造亭台的木料砖瓦，假山奇石——

孙千总　这事您得问守备大人。

【钱守备跪倒。】

钱守备　大人！就您头上的房顶去岁就让台风给掀喽，工部修缮的银子是一直没拨够，说是北方用兵，要以大局为重。可眼看台风又要来了，因此上增加了一些摊派，修葺了各府和军帐。有一些剩余的砖瓦木料，扔掉可惜。故而我就修葺了后衙，就这么拼拼凑凑修了一个小亭子。这亭子也不曾建到下官的私宅中去。官家东西官家用，下官不曾中饱私囊。

甘国宝　何人许你摊派，何人授权与你？

钱守备　这……

甘国宝　是哪个？

钱守备　是……

甘国宝　是哪个！

钱守备　是，是参军大人！

赵参军　大人，属下有下情回禀。

甘国宝　讲！

赵参军　大人，卑职曾就春秋两操添加船只费用是否还按惯例洋行支取向您请示，您说只要是百姓自愿，公事公用，有章可循，有账可查，就也无妨。大人，这是您自己的批文在此！（拿出批文递上）

【甘国宝接过批文，确定是自己批示后惊坐。】

甘国宝　（唱）听罢言来三魂渺，

不觉七魄飞上天。
索贿之事追到底，
不想自己是根源……

四　人　大人……

甘国宝　（缓缓地）你们起来吧。

董　七　甘大人，人算不如天算。

甘国宝　董七，你算着我甘某不敢查，不敢问，不敢叫着福建水师从上到下都担待干系，不敢闹出个朝野震动，地覆天翻。

董　七　我就算死了你！

甘国宝　你！

四　人　大人！

甘国宝　你们……

四　人　大人三思！

赵参军　（念）陋规由来已久。

钱守备　并非今日一回。

孙把总　如若推翻重立，

李千总　过往俱要连累。

赵参军　大人，这陋规由来已久，您今日若要彻查，大家俱担干系，卑职几人倒无所谓，可但凡在衙门任职过的，有几人不曾参与？又有几人不曾在洋行代为采买？只恐牵连太广……

钱守备　如若这般，大人您可就算把人得罪完了，过往的大人们都要受牵连，下官们也要受处分，这赶尽杀绝的事，大人您宅心仁厚想必也不忍心。

孙千总　大人，若是爆出陋规，必是宦海巨浪，平地惊雷，您自个也要牵连在内。

李把总　这可是您自己的批文呀！

甘国宝　这……

（唱）一席话说得我又恼又悔，
三十年奉公守法心不亏。
俯仰不曾把天地愧，
谁料想青史名声一朝颓。

事若传出如汤沸，
要道我甘国宝是一个金玉其外、表里不一，
这狼藉的名声就万古背。

董　七　甘大人，倘若遵循旧例，您还做您的提督，我还做我的商人，大家井水不犯河水，来日方长。您继续勤俭清廉，我也遵规守法，这个事儿以后谁有闲谁收拾，咱们落个安安稳稳，何乐不为？

甘国宝　安安稳稳？

四　人　安安稳稳。

甘国宝　留待后人？

董　七　何乐不为？

甘国宝　（唱）甘国宝坐军帐心内戚，
宦海处处暗流急。
三十年奉公守法理不亏，
三十年清史英明浩然正气。
三十年征战沙场出生入死，
三十年戎马倥偬把烽烟熄。
一日失谨慎，清廉只堪忆，
到头来失足遗恨无处医。

董　七　甘大人，你高高手，咱们就都过去了。

甘国宝　（唱）有道是人人治人国必乱，
人人守法国必安。
亡羊补牢终不晚，
悬崖勒马犹能还。
拼将身名一处断，
不让陋规再后传！
董七身为主犯，罪在不赦，待账目查清，依法问斩！

董　七　甘国宝！

甘国宝　押了下去！

【军士押董七下。】

甘国宝　诸位大人。

四　人　大人。

甘国宝　今日看来，此案是我甘国宝有御下不严之过，未能把持之误，开了端头，有了滥觞。先贤有言：公生明，廉生威。依我看来，公若不严，廉若不慎，祸之不远。既如此，甘某情愿与诸位同罪并罚，以为永戒。来，笔墨伺候——

【甘国宝书“为官廉慎”，将顶戴取下，以示决心。切光。】

【光圈中，秀秀和梅英出现。】

梅　英　秀秀姐，我已经打听好了，甘大人迁调云南，今日就要动身。秀秀姐，你当真要去送甘大人吗？

王秀秀　甘大人不顾自身牵连，上书当今皇上，力除陋规，如今降级续用，迁调云南。我见过那样多的老爷大人，不曾有大人这般风骨。

梅　英　是啊，要不是甘大人抓了董七，不晓得我们还要受他多少盘剥。

王秀秀　当日唱曲，实非我愿，今日恰好唱一唱真心话。时候不早，我们走吧。

梅　英　是。

尾声

【长亭外，古道边。】

【廖雪娇、陈妈、林老板送甘国宝。】

甘国宝　夫人，林老板，你们就此止步吧。

林老板　大人，有句话林某不知当讲否？

甘国宝　林老板请讲。

林老板　大人自台湾调任福建，离岛之日，万民相送。今日赴任，竟是这般冷冷清清，好叫人心中不平。

甘国宝　我自有错，有何不平。

廖雪娇　老爷，老太爷病重，如今你迁调云南，也不得回去探望，伊若得知，只怕心中……

甘国宝　这个……还望夫人回去劝慰一二，多多照料。

廖雪娇　妾身知道。

林老板　唉……

甘国宝　相送千里终须一别，大家各自去吧。

陈　妈　夫人，我们走吧。

【大家各要走，远处忽然传来琵琶声。】

【王秀秀与梅英出现在远处亭子中。】

甘国宝　秀秀姑娘？嚯嚯，看来，也不是没人来送嘛。

【大家在歌声中各自分头而去。】

王秀秀　（唱）宝镜如明月，
出自秦宫样。
隐起双蟠龙，
衔珠俨相向。
为正君王事，
常拂保清光。
感君如明镜，
歌咏玉台上。

【甘国宝在歌声中渐行渐远。】

全剧终

《陋规案》曲谱

邱开安

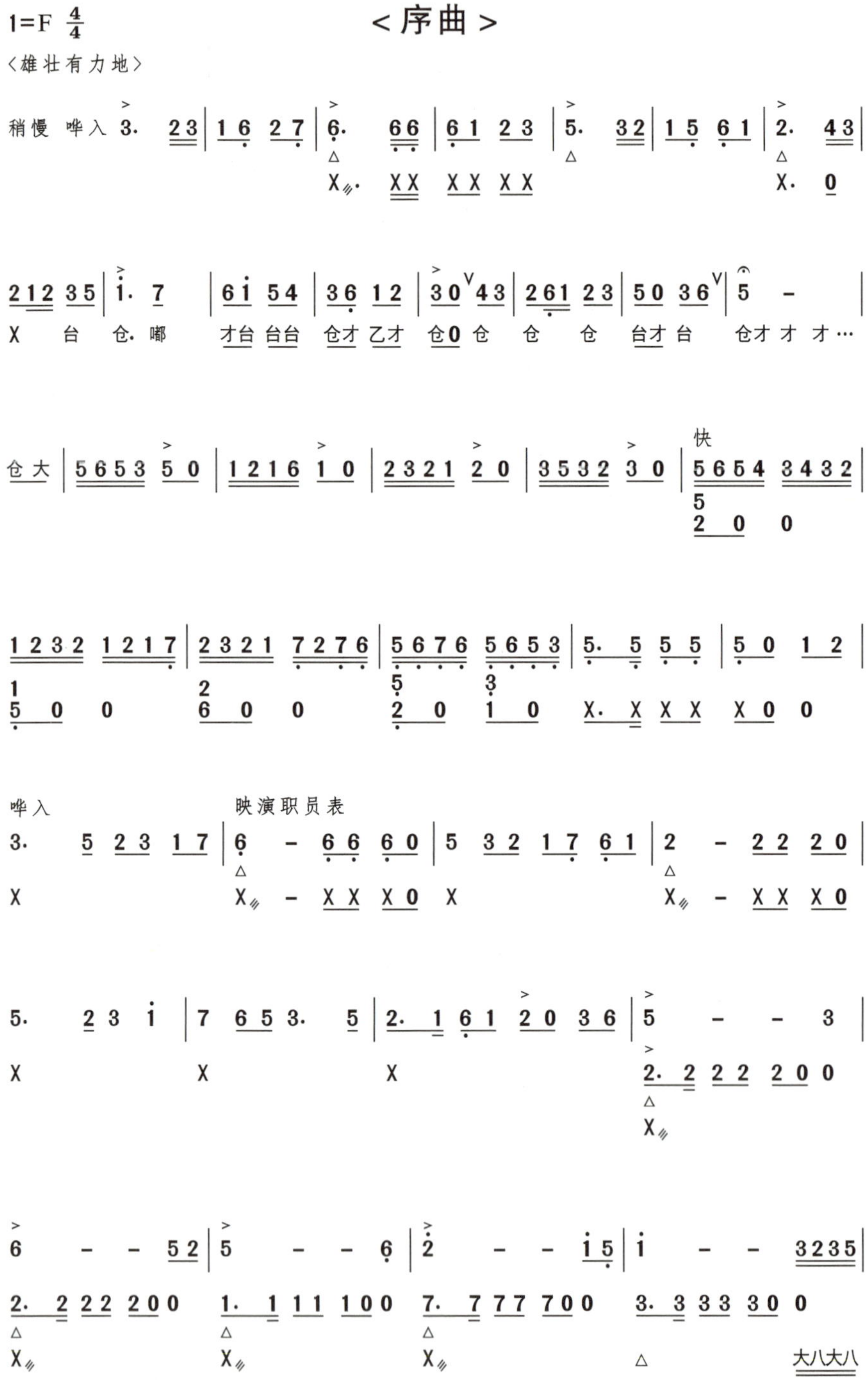
1=F 4/4
<序曲>
〈雄壮有力地〉
稍慢 哗入
台 仓. 嘟 才台 台台 仓才 乙才 仓0 仓 仓 仓 台才 台 仓才 才 才…
仓 大
快
哗入
映演职员表
大八大八

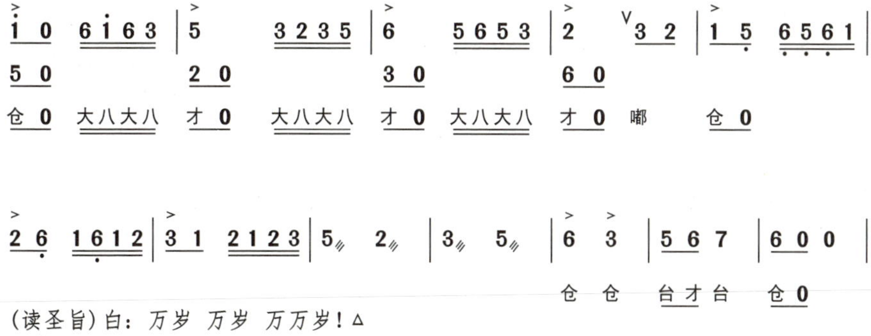
仓 0 大八大八 才 0 大八大八 才 0 大八大八 才 0 嘟 仓 0
仓 仓 台才台 仓 0
(读圣旨)白：万岁 万岁 万万岁！△

< 第一场 >

1=F

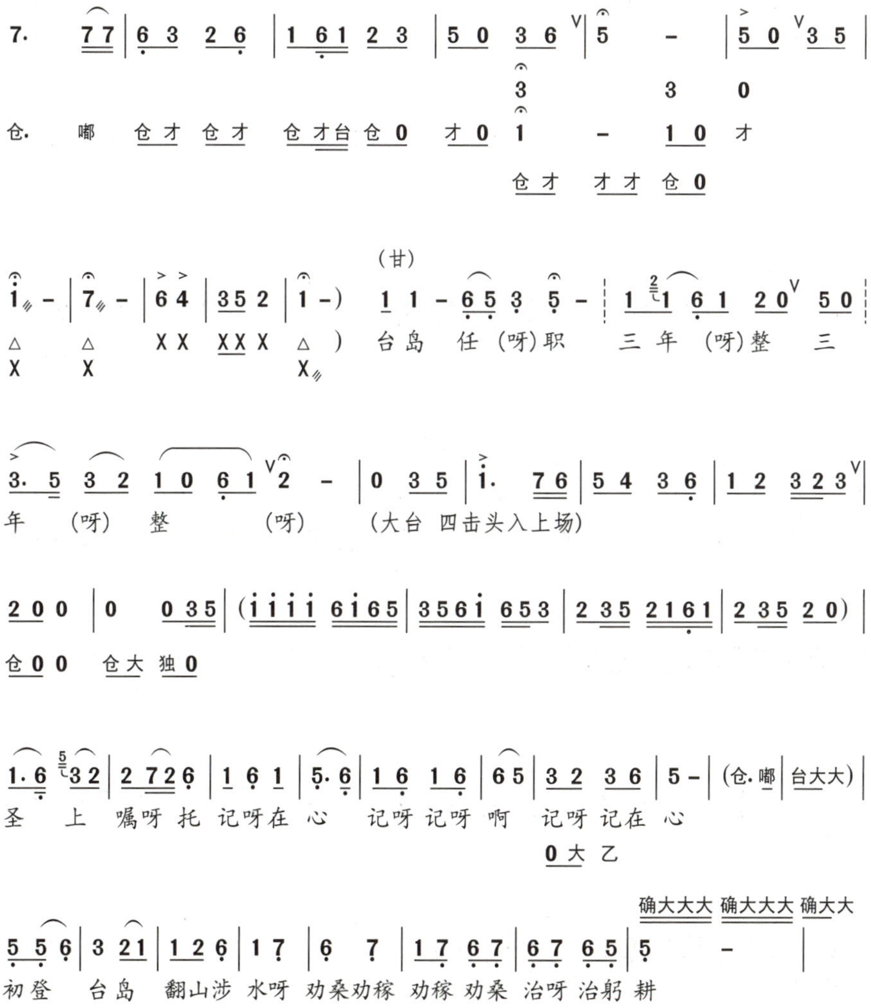
仓. 嘟 仓才 仓才 仓才台 仓 0 才 0 才
仓才 才才 仓 0
(甘)
台岛 任(呀)职 三 年 (呀)整 三
年 (呀) 整 (呀) (大台 四击头入上场)
仓 0 0 仓大 独 0
圣 上 嘱呀 托 记呀 在 心 记呀 记呀 啊 记呀 记在 心
0 大 乙
(仓. 嘟 台大大)
确大大大 确大大大 确大大
初登 台岛 翻山涉 水呀 劝桑劝稼 劝稼 劝桑 治呀 治躬 耕

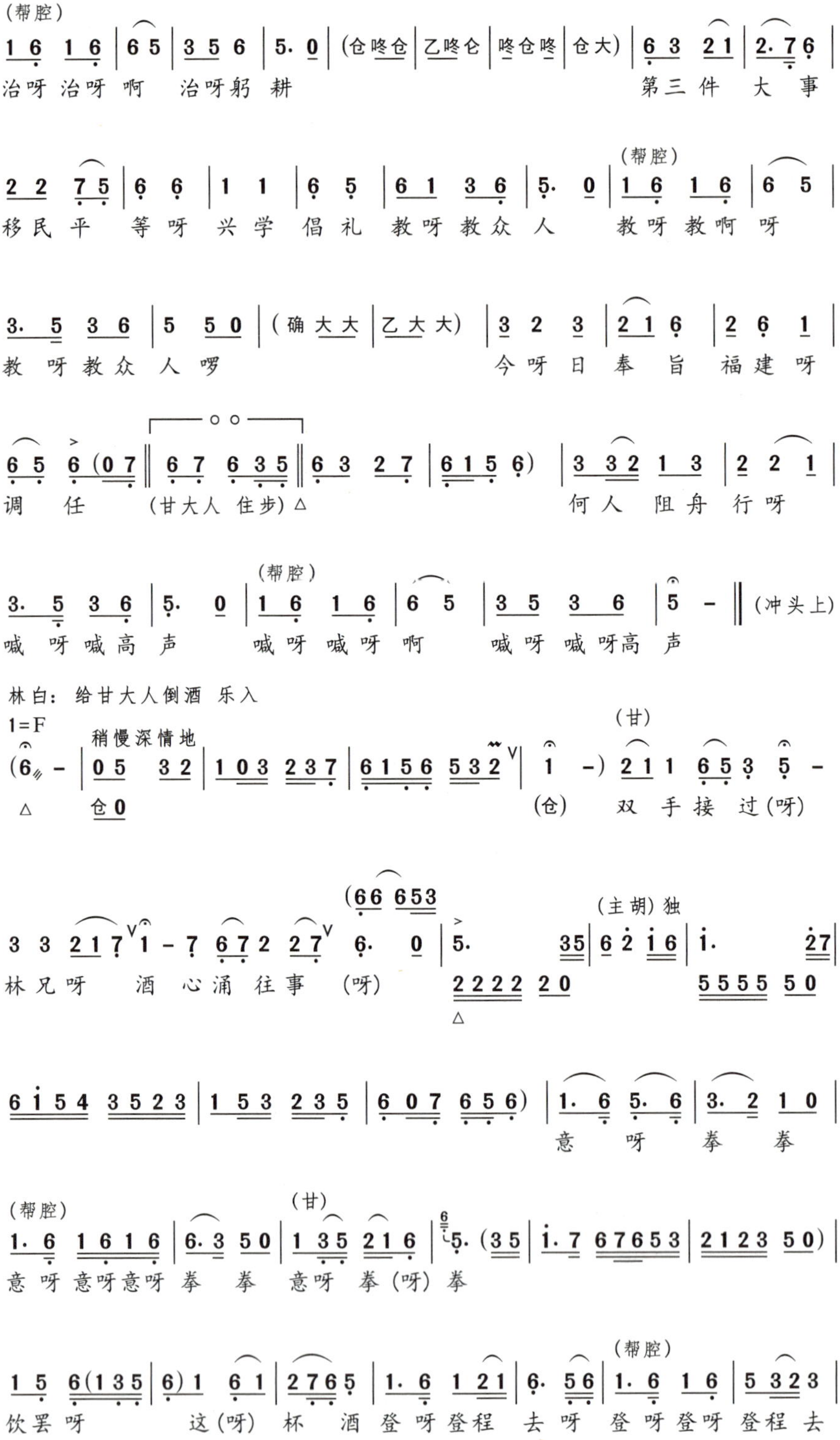
(帮腔)
(仓咚仓 乙咚仓 咚仓咚 仓大)
治呀 治呀 啊 治呀躬 耕
第三件 大 事
(帮腔)
移民平 等呀 兴学 倡礼 教呀教众人 教呀 教啊 呀
(确大大 乙大大)
教 呀 教众 人 啰 今呀 日 奉 旨 福建 呀
调 任 (甘大人 住步)△ 何人 阻舟 行呀
(帮腔)
喊 呀 喊高 声 喊 呀 喊 呀 啊 喊 呀 喊 呀高 声 (冲头上)
林白：给甘大人倒酒 乐入
1=F
稍慢深情地
(甘)
△ 仓0 (仓) 双 手 接 过(呀)
(主胡)独
林兄呀 酒 心涌 往事 (呀)
意 呀 拳 拳
(帮腔)
(甘)
意 呀 意呀意呀 拳 拳 意呀 拳 (呀) 拳
(帮腔)
饮罢 呀 这(呀) 杯 酒 登 呀 登程 去 呀 登 呀 登呀 登程 去

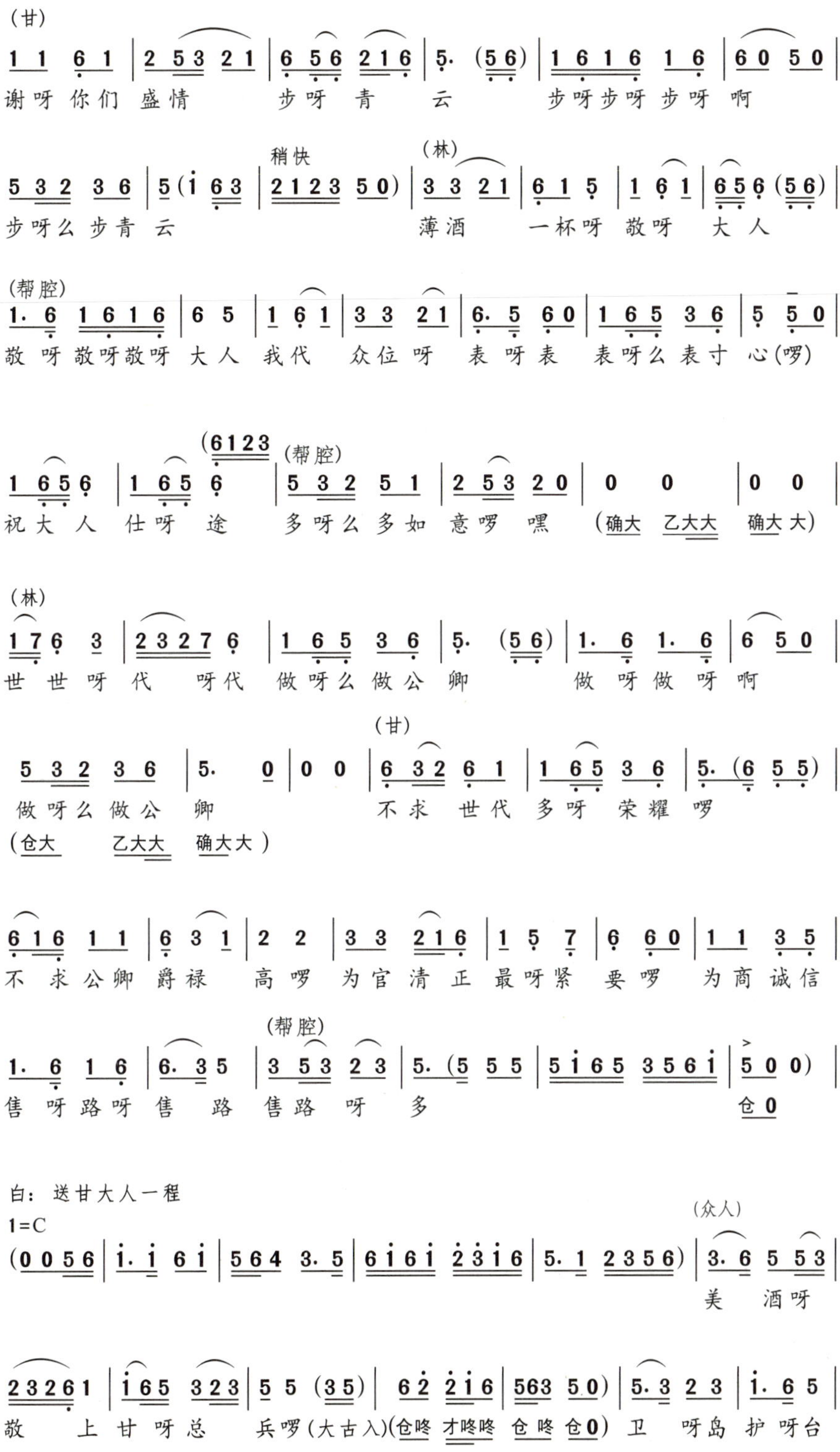
（甘）
谢呀 你们 盛情 步呀 青 云 步呀步呀 步呀 啊
稍快
（林）
步呀么 步青 云 薄酒 一杯呀 敬呀 大 人
（帮腔）
敬 呀 敬呀敬呀 大 人 我代 众位 呀 表 呀 表 表呀么 表寸 心(啰)
（帮腔）
祝大 人 仕呀 途 多呀么 多如 意啰 嘿 (确大 乙大大 确大 大)
（林）
世 世 呀 代 呀代 做呀么 做公 卿 做 呀 做 呀 啊
（甘）
做呀么 做公 卿 不 求 世 代 多呀 荣 耀 啰
(仓大 乙大大 确大大)
不 求 公卿 爵禄 高 啰 为官 清 正 最呀紧 要 啰 为商 诚信
（帮腔）
售 呀 路呀 售 路 售路 呀 多
仓 0
白：送甘大人一程
1=C
（众人）
美 酒呀
敬 上 甘 呀 总 兵啰 (大古入)(仓咚 才咚咚 仓 咚 仓 0) 卫 呀岛 护 呀台

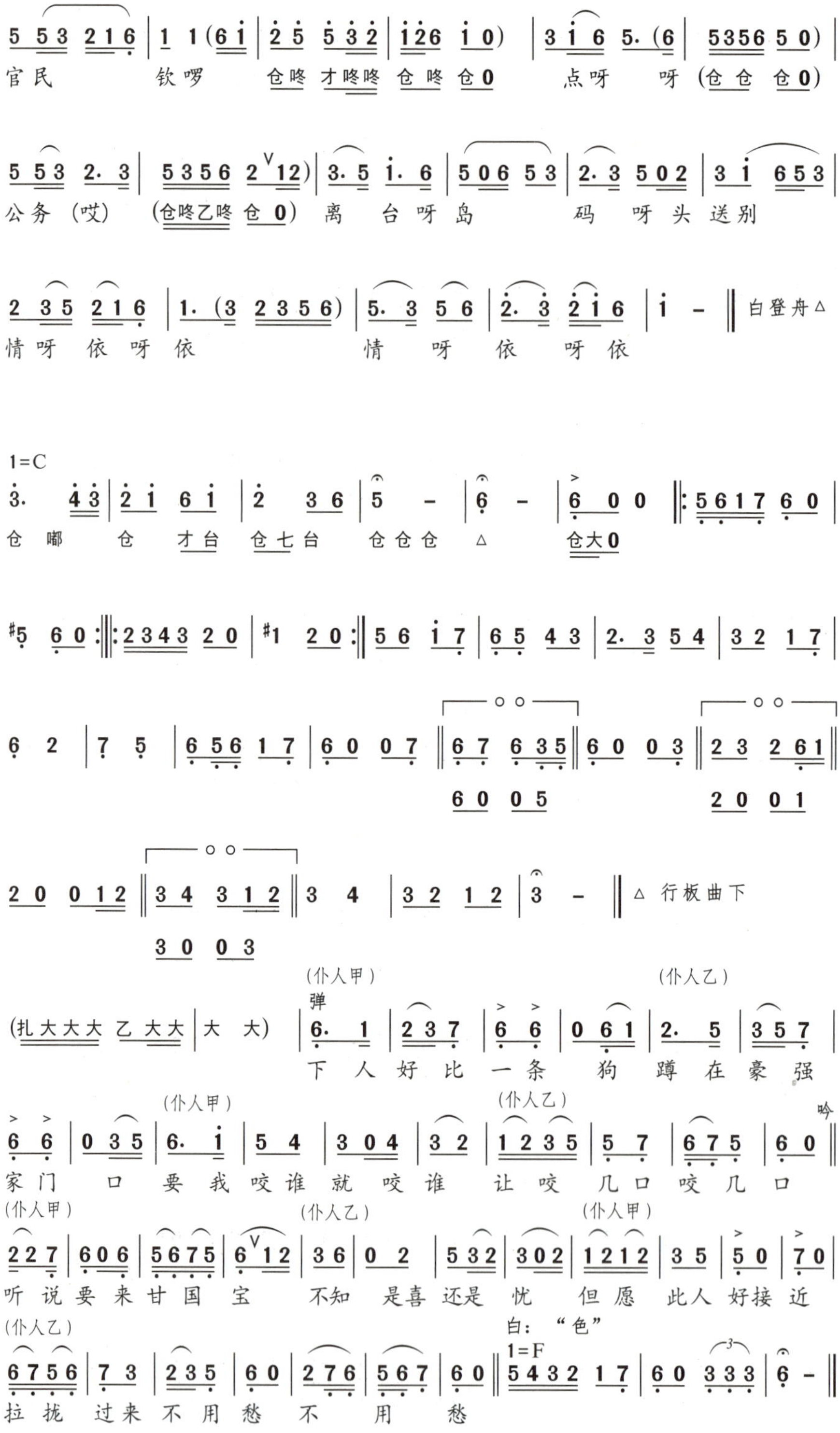
官民 钦啰 仓咚 才咚咚 仓 咚 仓0 点呀 呀（仓 仓 仓0）
公务（哎）（仓咚乙咚 仓 0）离 台 呀 岛 码 呀 头 送 别
情呀 依 呀 依 情 呀 依 呀 依
白登舟△
1=C
仓 嘟 仓 才台 仓七台 仓仓仓 △ 仓大0
△ 行板曲下
（仆人甲）
（仆人乙）
弹
（扎大大大 乙 大大 大 大）
下 人 好 比 一 条 狗 蹲 在 豪 强
家 门 口 要 我 咬 谁 就 咬 谁 让 咬 几 口 咬 几 口
吟
听 说 要 来 甘 国 宝 不知 是喜 还是 忧 但 愿 此人 好接 近
白：“色”
1=F
拉 拢 过来 不用 愁 不 用 愁

<第二场>

（内白）：操练起来！

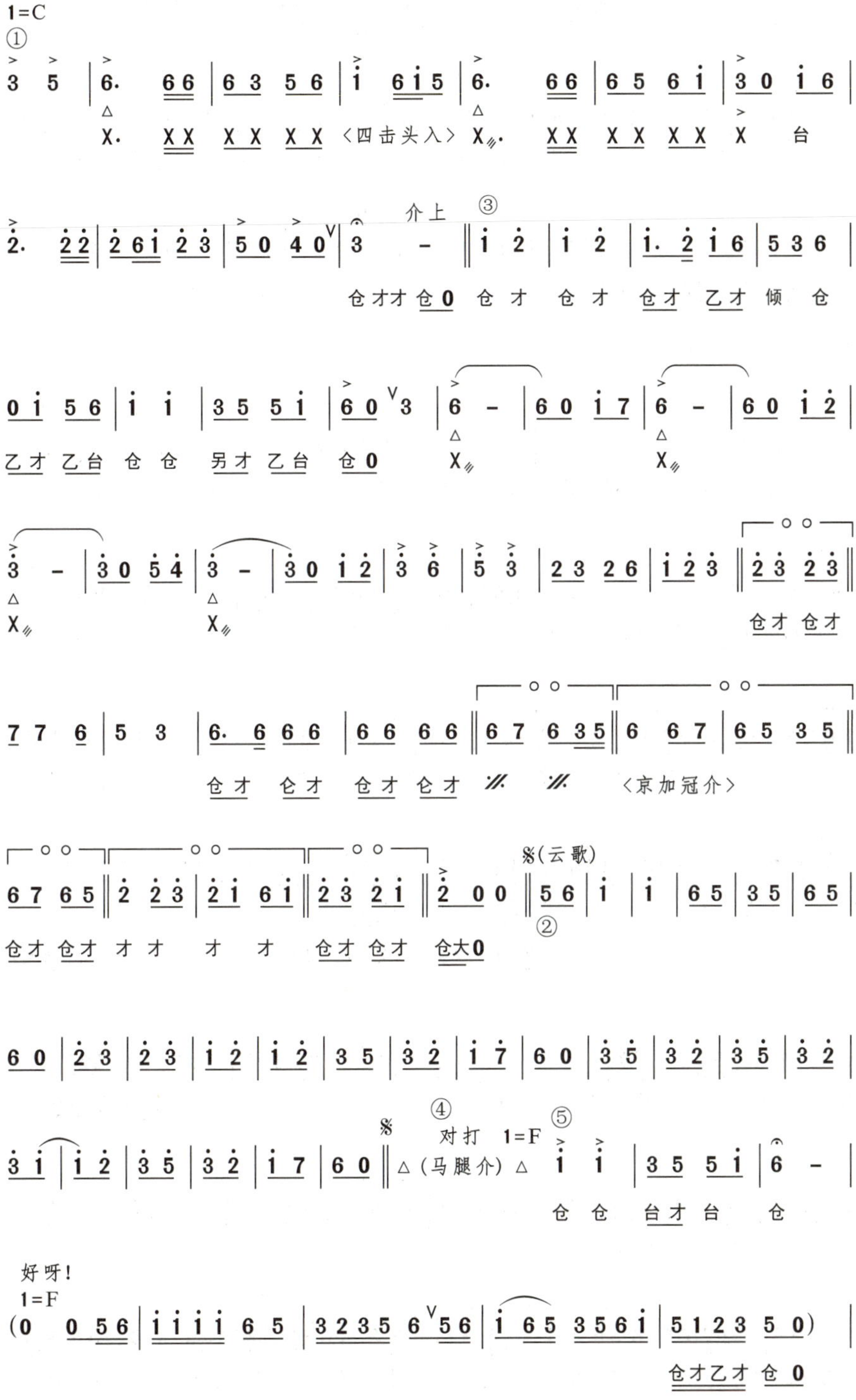
1=C
〈四击头入〉
介上
仓才才 仓0 仓 才 仓 才 仓才 乙才 倾 仓
乙才 乙台 仓 仓 另才 乙台 仓0
仓才 仓才
仓才 仓才 仓才 仓才
〈京加冠介〉
仓才 仓才 才 才 才 才 仓才 仓才 仓大0
(云歌)
对打 1=F
△（马腿介）△
仓 仓 台才 台 仓
好呀！
1=F
仓才乙才 仓 0

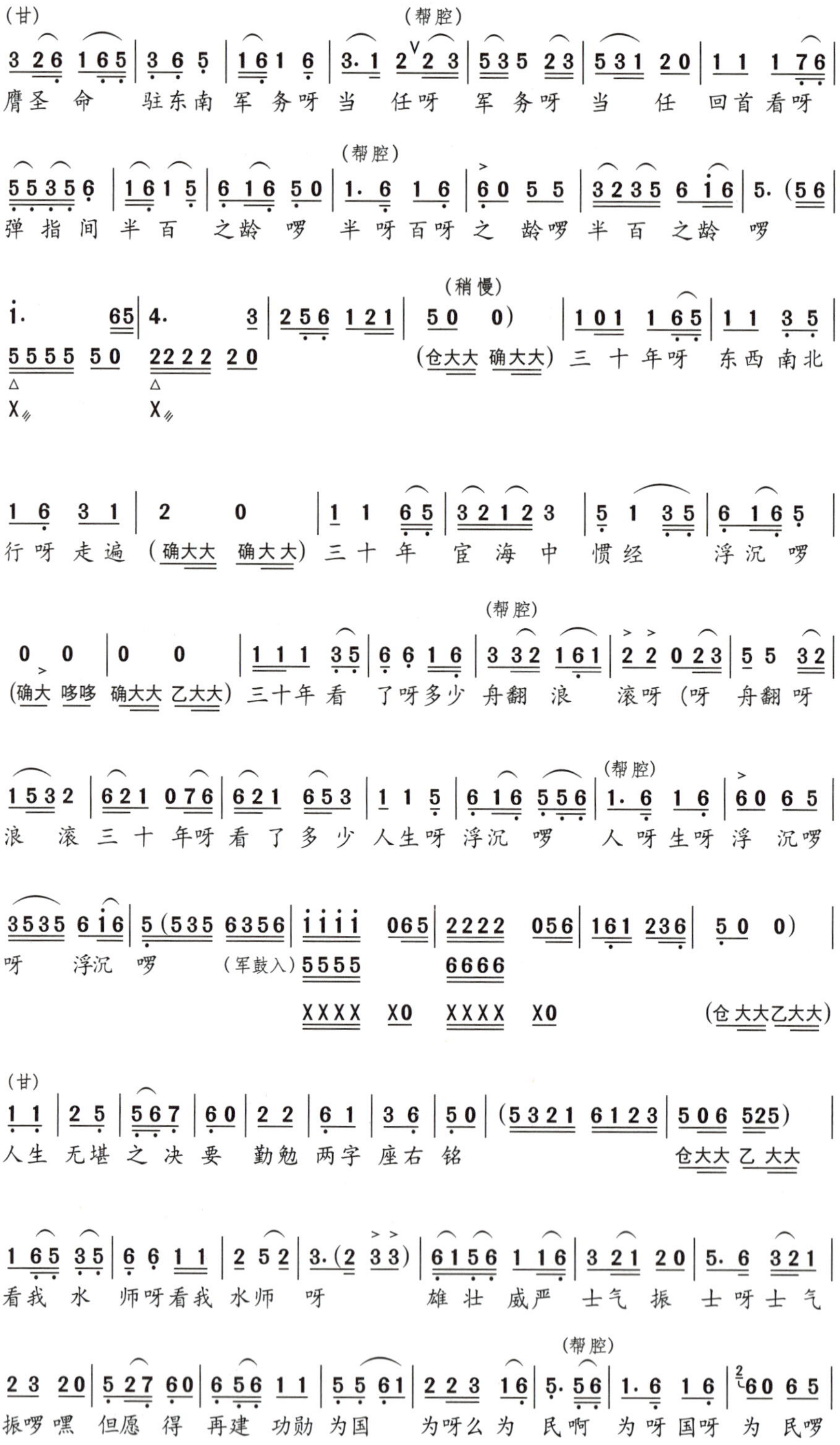
(甘)
(帮腔)
膺圣命 驻东南 军务呀当 任呀 军务呀 当 任 回首看呀
弹指间半百 之龄 啰 半呀百呀之 龄啰 半 百 之龄 啰
(稍慢)
(仓大大 确大大) 三 十 年呀 东西南北
行呀 走遍 (确大大 确大大) 三十年 宦 海 中 惯经 浮沉 啰
(确大 哆哆 确大大 乙大大) 三十年 看 了呀多少 舟翻 浪 滚呀 (呀 舟翻 呀
浪 滚 三 十 年呀 看 了 多 少 人生呀 浮沉 啰 人 呀 生呀 浮 沉啰
呀 浮沉 啰 (军鼓入)
(仓 大大乙大大)
人生 无堪之 决 要 勤勉 两字 座右 铭
仓大大 乙 大大
看我 水 师呀看我 水师 呀 雄 壮 威严 士气 振 士 呀 士 气
振啰 嘿 但愿 得 再建 功勋 为国 为呀么 为 民啊 为 呀 国呀 为 民啰

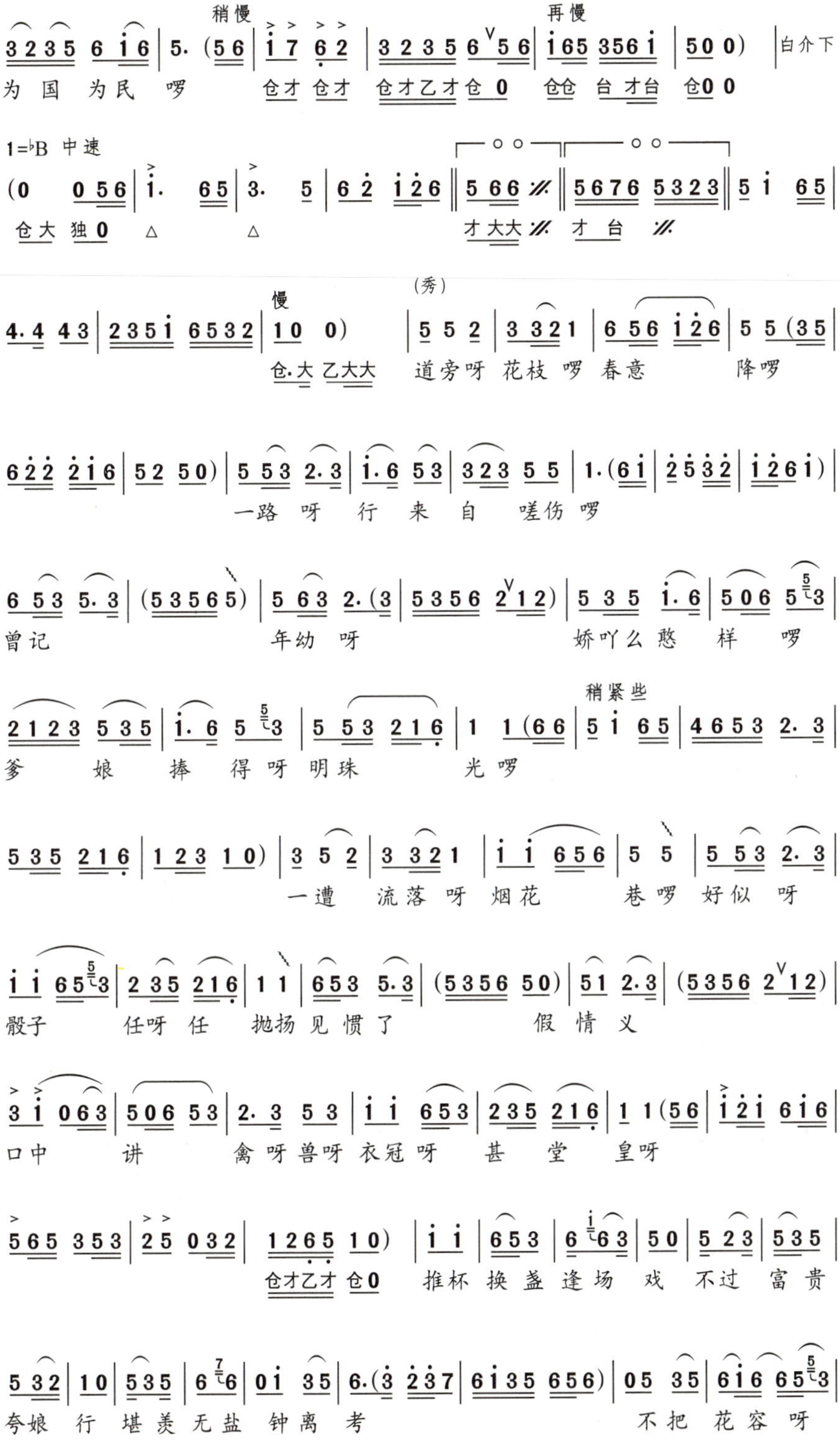
稍慢
再慢
为国为民啰
仓才仓才仓才乙才仓0 仓仓台才台仓0 0
白介下
1=♭B 中速
仓大独0
才大大 才台
(秀)
慢
仓.大乙大大
道旁呀花枝啰春意降啰
一路呀行来自嗟伤啰
曾记年幼呀娇吖么憨样啰
稍紧些
爹娘捧得呀明珠光啰
一遭流落呀烟花巷啰好似呀
骰子任呀任抛扬见惯了假情义
口中讲禽呀兽呀衣冠呀甚堂皇呀
仓才乙才仓0
推杯换盏逢场戏不过富贵
夸娘行堪羡无盐钟离考
不把花容呀

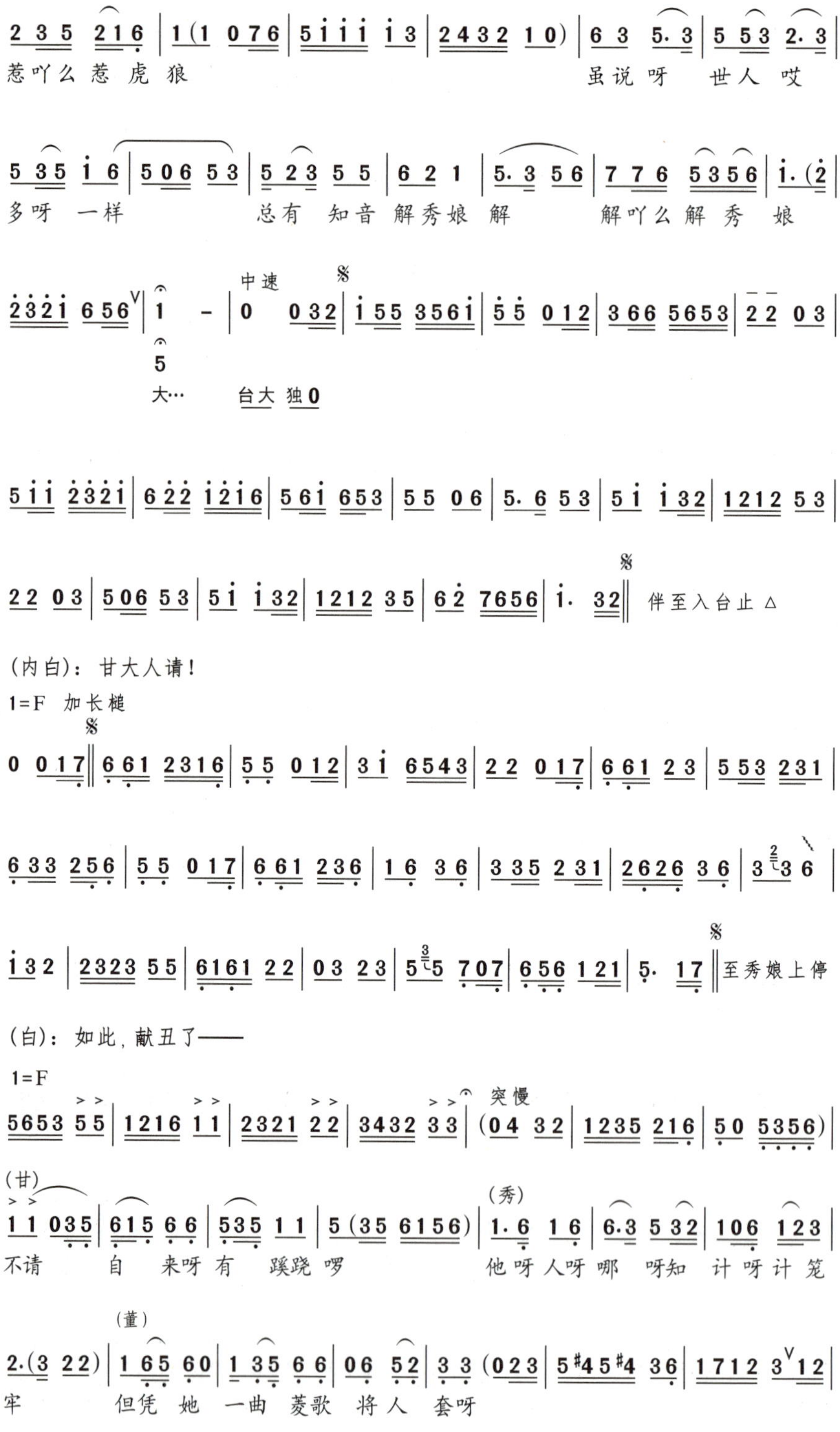
惹吖么惹 虎 狼
虽说 呀 世人 哎
多呀 一样
总有 知音 解秀娘 解
解吖么 解 秀 娘
中速
大…
台大 独0
伴至入台止△
(内白)：甘大人请！
1=F 加长槌
至秀娘上停
(白)：如此，献丑了——
1=F
突慢
(甘)
不请 自 来呀 有 蹊跷 啰
(秀)
他 呀 人呀 哪 呀知 计 呀 计 笼
牢
(董)
但凭 她 一曲 菱歌 将人 套呀

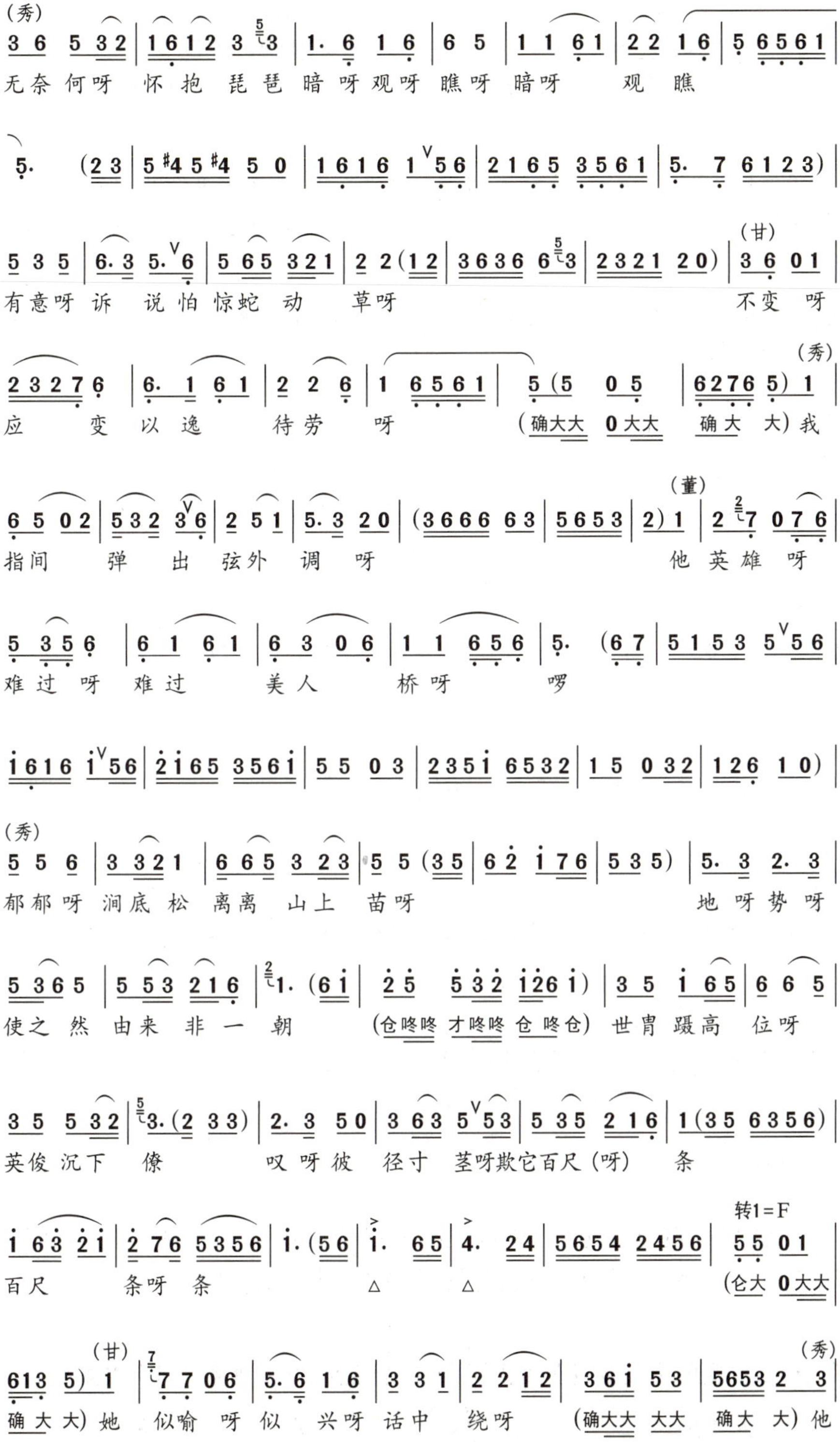
(秀)
无奈何呀 怀抱琵琶暗呀观呀瞧呀暗呀 观 瞧
有意呀诉 说怕惊蛇动 草呀 (甘) 不变 呀
应 变以逸 待劳 呀 (确大大 0大大 确大 大)(秀)我
指间 弹 出 弦外 调 呀 (董)他英雄 呀
难过 呀 难过 美人 桥呀 啰
(秀)郁郁呀涧底松 离离 山上 苗呀 地呀势呀
使之 然 由来 非 一 朝 (仓咚咚 才咚咚 仓 咚仓) 世胄 蹑高 位呀
英俊沉下 僚 叹呀彼 径寸 茎呀欺它百尺(呀) 条
百尺 条呀 条 (仓大 0大大 转1=F
确大 大)(甘)她 似喻 呀似 兴呀 话中 绕呀 (确大大 大大 确大 大)(秀)他

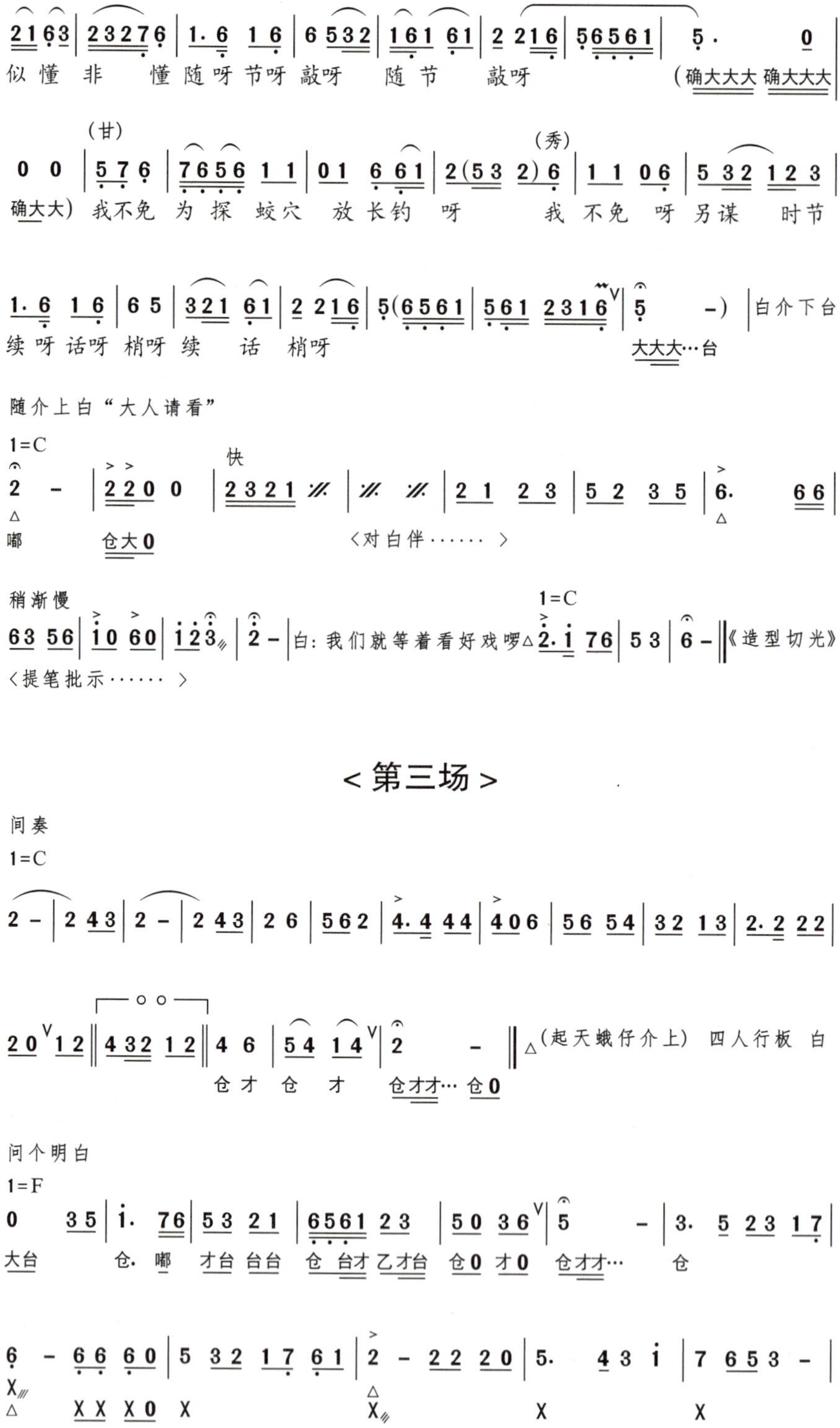
似懂非懂随呀节呀敲呀 随节 敲呀
（确大大大 确大大大 确大大）
（甘）我不免为探蛟穴 放长钓 呀
（秀）我不免呀另谋 时节
续呀话呀梢呀续 话 梢呀
大大大…台
白介下台
随介上白“大人请看”
1=C
快
嘟
仓大0
〈对白伴……〉
稍渐慢
〈提笔批示……〉
白：我们就等着看好戏啰
《造型切光》
<第三场>
间奏
1=C
仓才 仓 才 仓才才… 仓0
（起天蛾仔介上） 四人行板 白
问个明白
1=F
大台 仓. 嘟 才台 台台 仓 台才 乙才台 仓0 才0 仓才才… 仓

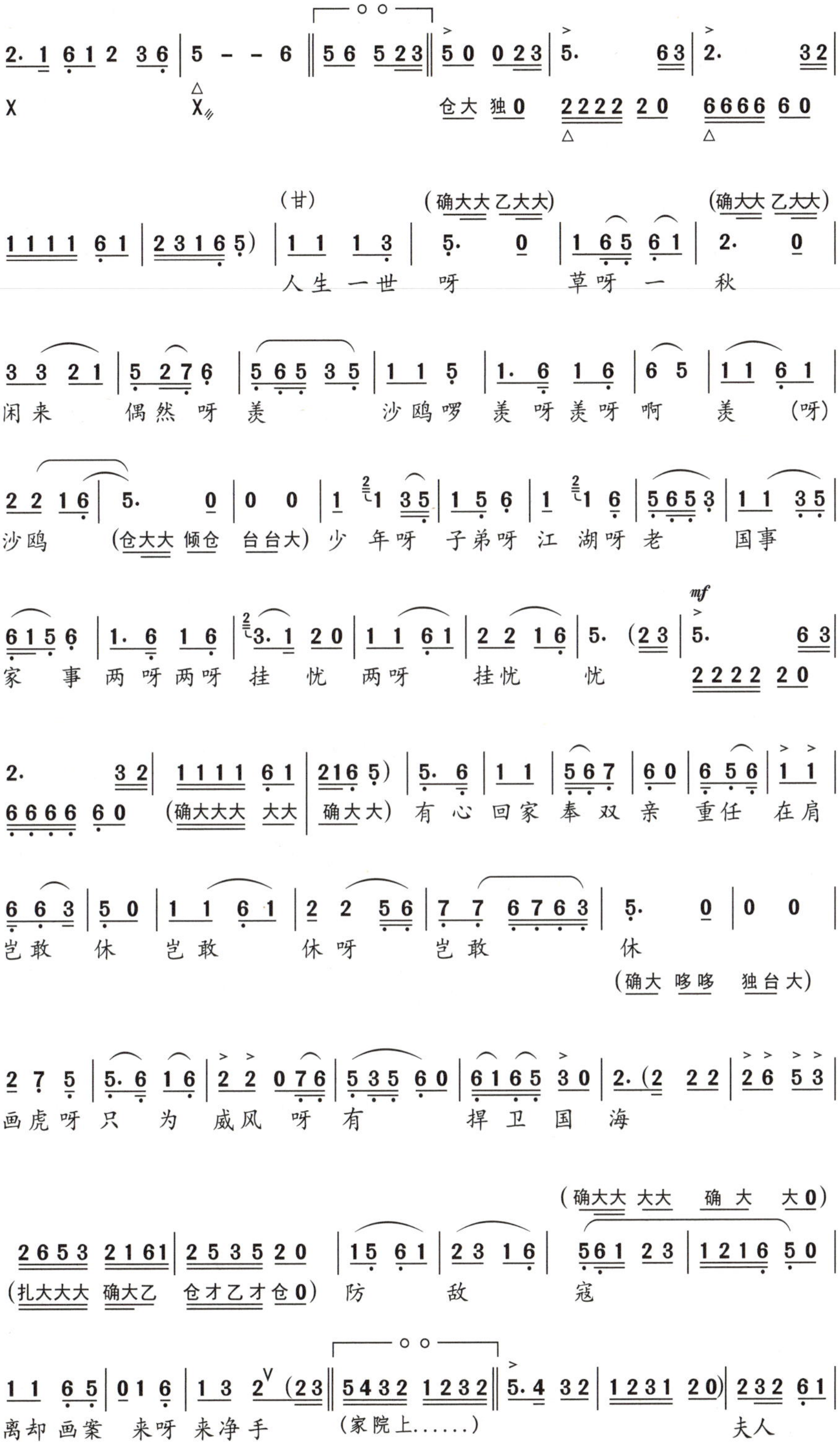
仓大 独0
(甘) (确大大 乙大大) (确大大 乙大大)
人生一世 呀 草呀 一 秋
闲来 偶然 呀 羡 沙鸥啰 羡 呀 羡呀 啊 羡 (呀)
沙鸥 (仓大大 倾仓 台台大) 少 年呀 子弟呀 江 湖呀 老 国事
家 事 两 呀 两呀 挂 忧 两呀 挂忧 忧
(确大大大 大大 确大大) 有 心 回家 奉 双 亲 重任 在肩
岂敢 休 岂敢 休呀 岂 敢 休
(确大 哆哆 独台大)
画虎呀 只 为 威风 呀 有 捍 卫 国 海
(确大大 大大 确 大 大0)
(扎大大大 确大乙 仓才乙才仓0) 防 敌 寇
离却 画案 来呀 来净手 (家院上......) 夫人

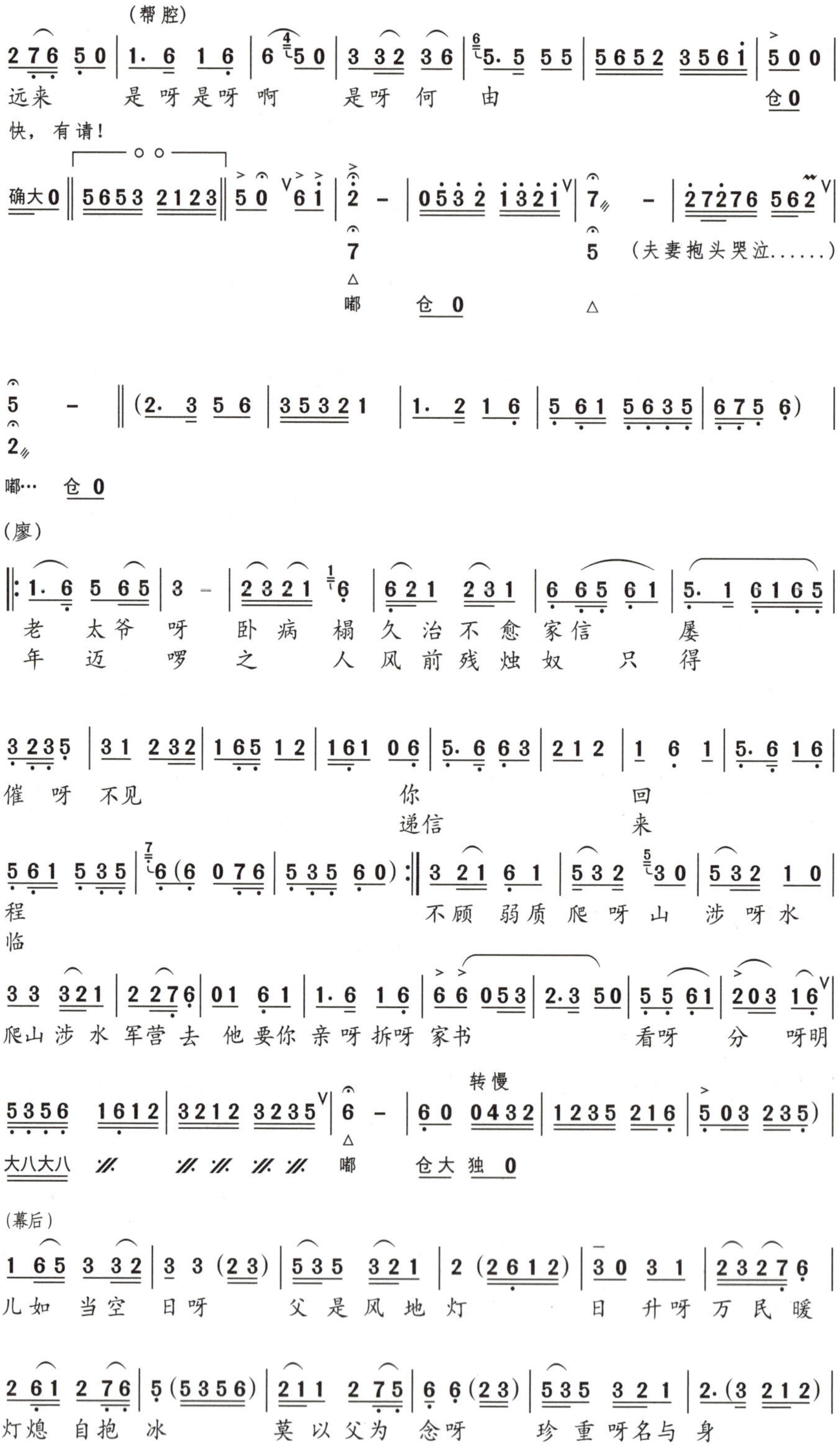
(帮腔)
远来 是呀是呀 啊 是呀 何 由 仓0
快，有请！
确大0
(夫妻抱头哭泣……)
嘟 仓0
嘟… 仓0
(廖)
老 太爷 呀 卧病 榻 久 治不愈 家信 屡
年 迈 啰 之 人 风 前 残 烛 奴 只 得
催 呀 不见 你 回
递信 来
程
临
不顾 弱质 爬 呀 山 涉 呀 水
爬山涉水军营去 他要你亲呀拆呀 家书 看呀 分 呀明
转慢
大八大八 嘟 仓大 独 0
(幕后)
儿如 当空 日呀 父是风地灯 日 升呀 万民暖
灯熄 自抱 冰 莫以父为 念呀 珍重呀名与身

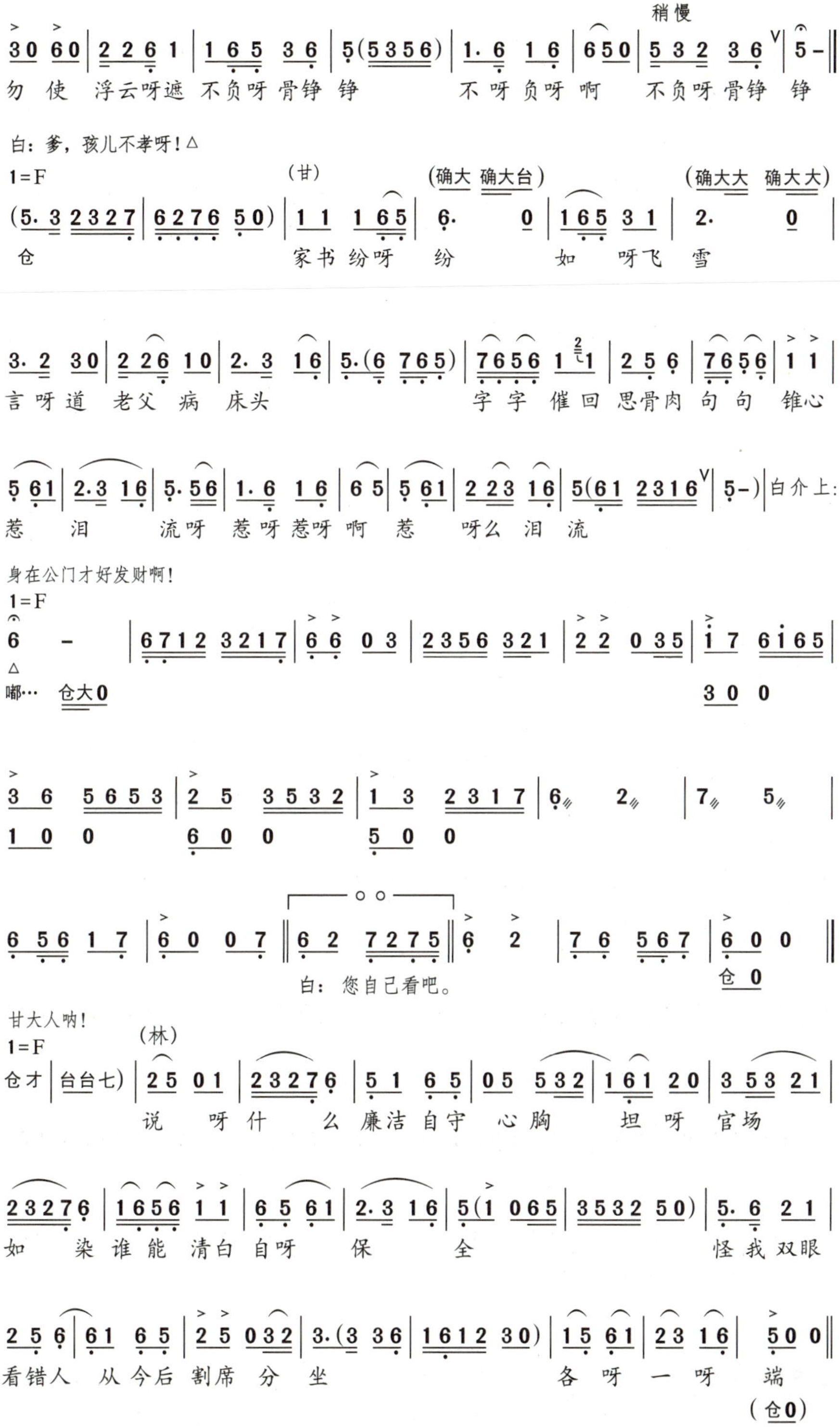
稍慢
勿 使 浮云呀遮 不负呀 骨铮 铮 不 呀 负呀 啊 不负呀 骨铮 铮
白：爹，孩儿不孝呀！△
1=F
(甘)
(确大 确大台)
(确大大 确大大)
仓 家书 纷呀 纷 如 呀飞 雪
言 呀 道 老父 病 床头 字 字 催 回 思骨肉 句 句 锥心
惹 泪 流呀 惹 呀 惹呀 啊 惹 呀么 泪 流
白介上：
身在公门才好发财啊！
1=F
嘟… 仓大0
白：您自己看吧。
仓 0
甘大人呐！
1=F
(林)
仓才 台台七)
说 呀 什 么 廉洁 自守 心 胸 坦 呀 官场
如 染 谁 能 清白 自呀 保 全 怪 我 双眼
看错人 从 今后 割席 分 坐 各 呀 一 呀 端
(仓0)

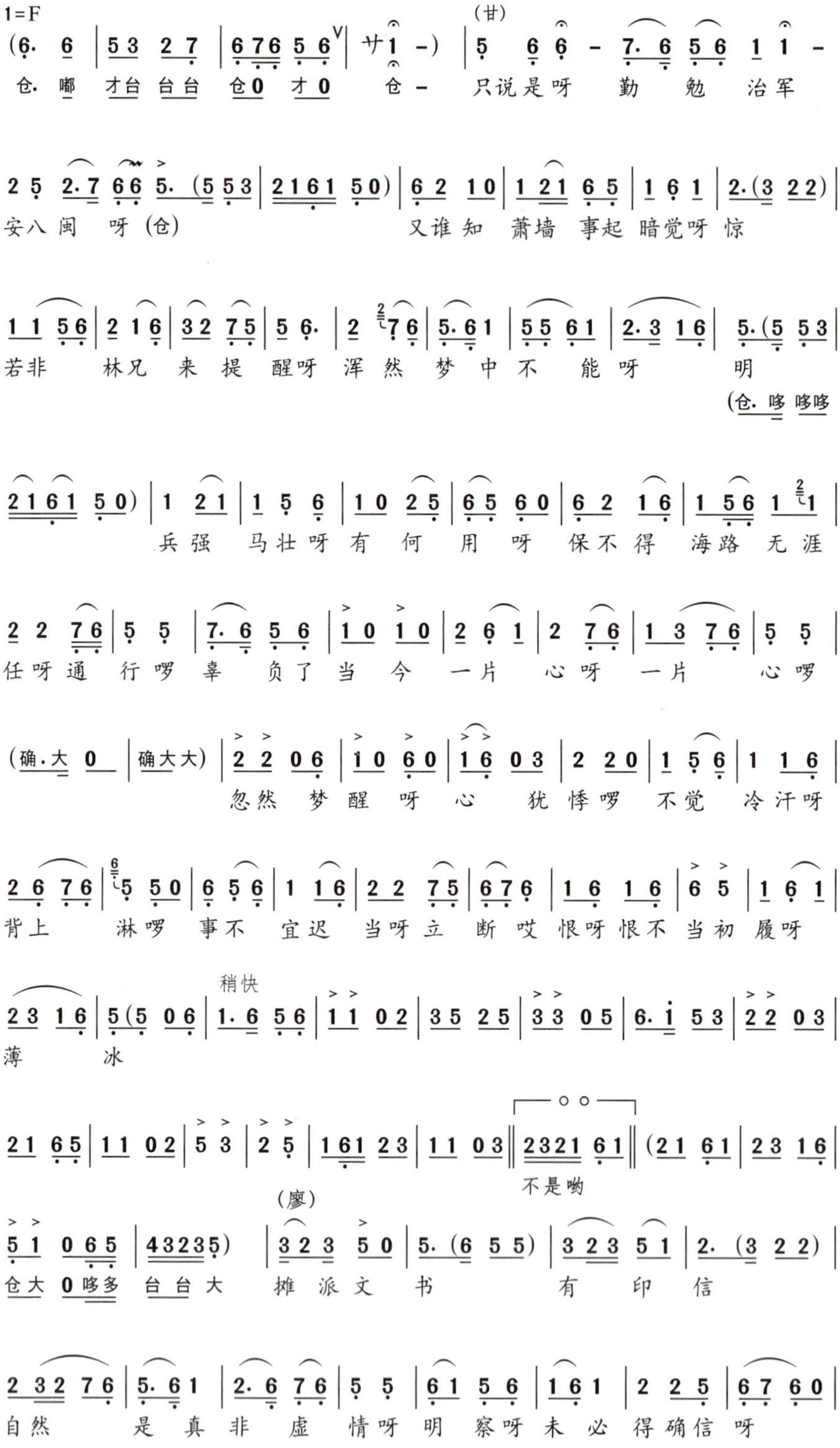
1=F
(甘)
仓. 嘟 才台 台台 仓0 才0 仓 - 只说是呀 勤 勉 治军
安八闽 呀 (仓) 又谁知 萧墙 事起 暗觉呀 惊
若非 林兄 来 提 醒呀 浑 然 梦 中 不 能 呀 明
(仓. 哆 哆哆
兵强 马壮呀 有 何 用 呀 保不得 海路 无 涯
任呀 通 行 啰 辜 负了 当 今 一片 心 呀 一片 心 啰
(确.大 0 确大大) 忽然 梦 醒 呀 心 犹 悸 啰 不觉 冷汗呀
背上 淋 啰 事不 宜迟 当呀 立 断 哎 恨呀 恨不 当 初 履呀
稍快
薄 冰
不是哟
(廖)
仓大 0哆多 台台大 摊 派 文 书 有 印 信
自然 是 真 非 虚 情呀 明 察呀 未 必 得 确信 呀

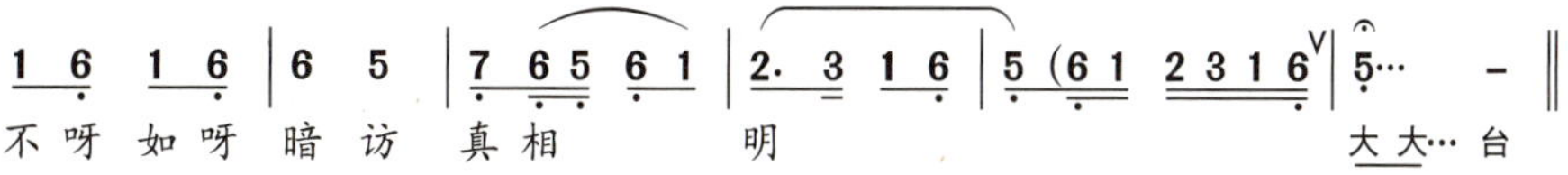
不呀 如呀 暗访 真相 明 大大…台

陈妈念行板

1=F（弹）

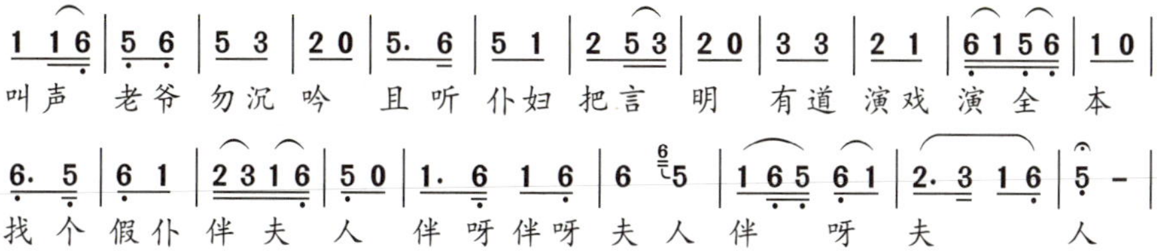
叫声 老爷 勿沉吟 且听 仆妇把言 明 有道 演戏 演全 本
找个 假仆 伴夫 人 伴呀 伴呀 夫人 伴 呀 夫 人

1=F

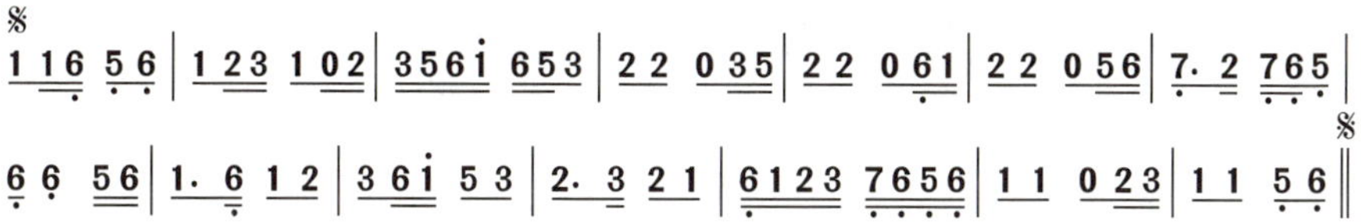

伴至换完衣服乐仃

夫人请：

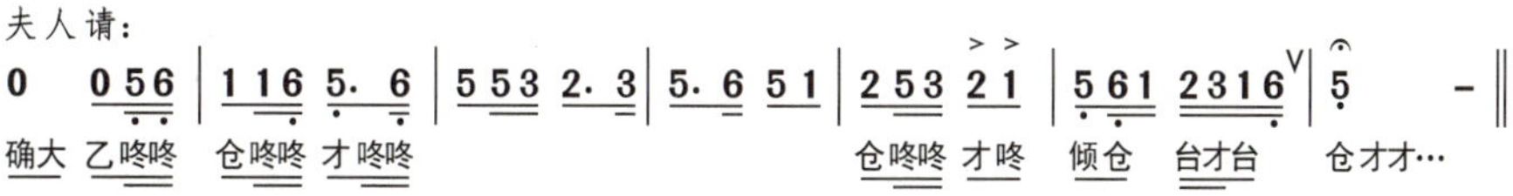
确大 乙咚咚 仓咚咚 才咚咚 仓咚咚 才咚 倾仓 台才台 仓才才…

如此这般：1=F

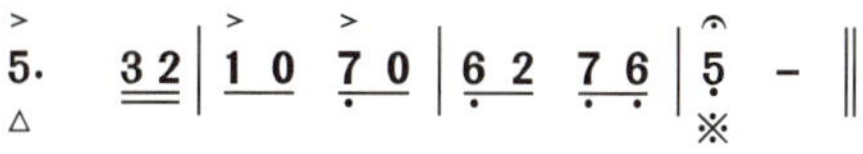

<第四场>

间奏1=C（哗入、雄伟壮阔地）稍慢

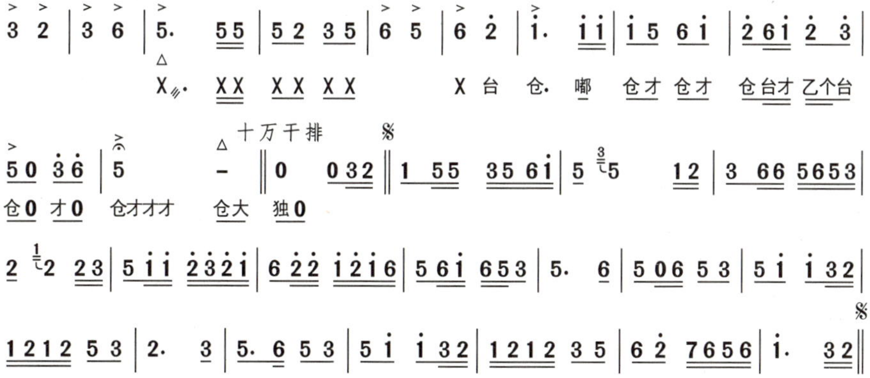
X X X X X X X 台 仓. 嘟 仓才 仓才 仓台才 乙个台
十万千排
仓0 才0 仓才才才 仓大 独0

伴至看到奴仆乐停

白：开打甘国宝。白：压下审问！

落幕曲 1=C

嗨△扑天蛾 白
仓 仓 台七台 仓才才才…

<第五场>

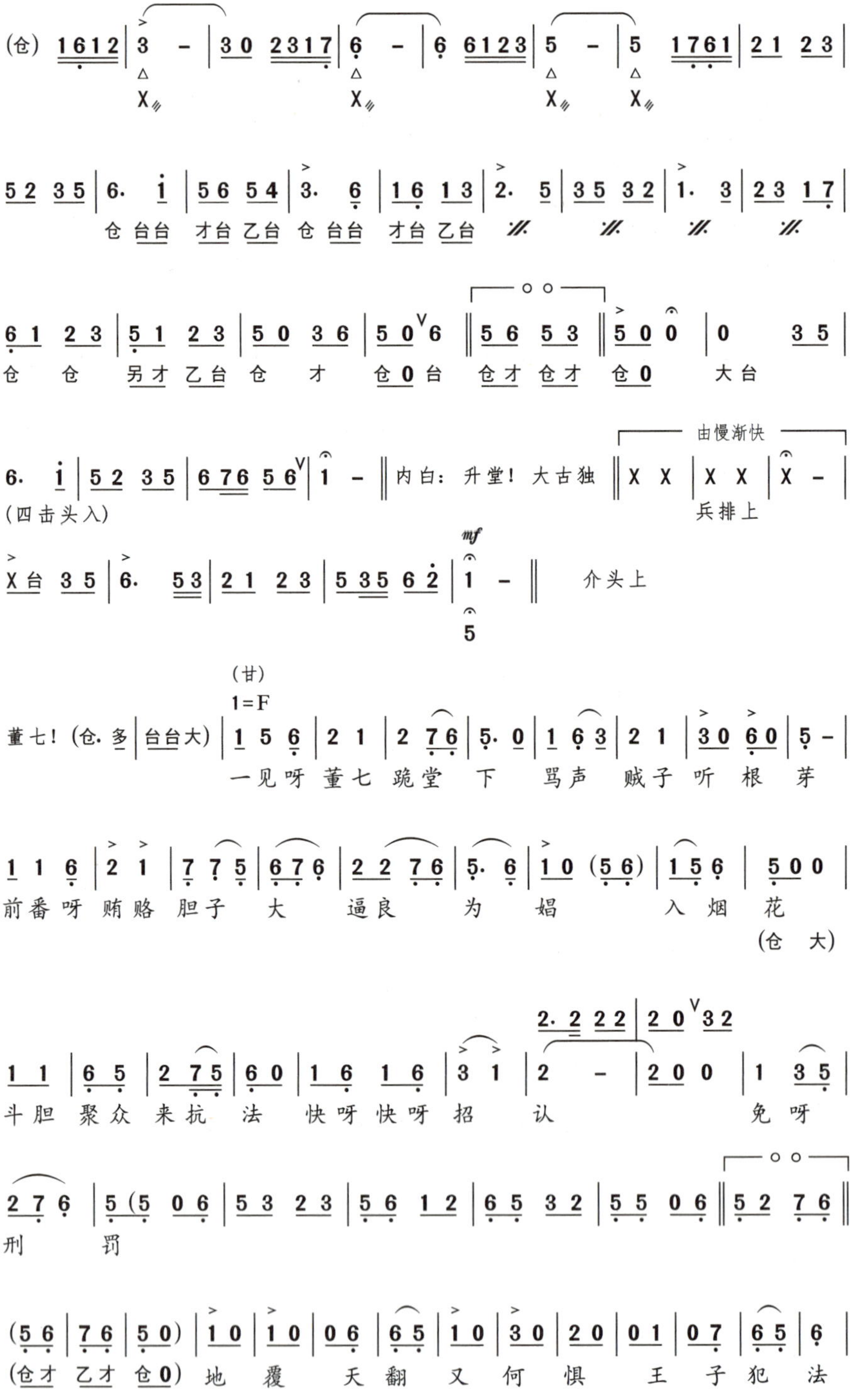
(仓)
仓 台台 才台 乙台 仓 台台 才台 乙台
仓 仓 另才 乙台 仓 才 仓 0 台 仓才 仓才 仓 0 大台
由慢渐快
(四击头入)
内白：升堂！大古独
兵排上
介头上
(甘)
1=F
董七！(仓. 多 台台大)
一见呀 董七 跪堂 下 骂声 贼子 听 根 芽
前番 呀 贿赂 胆子 大 逼良 为 娼 入 烟 花
(仓 大)
斗胆 聚众 来抗 法 快呀 快呀 招 认 免 呀
刑 罚
(仓才 乙才 仓 0) 地 覆 天 翻 又 何 惧 王 子 犯 法

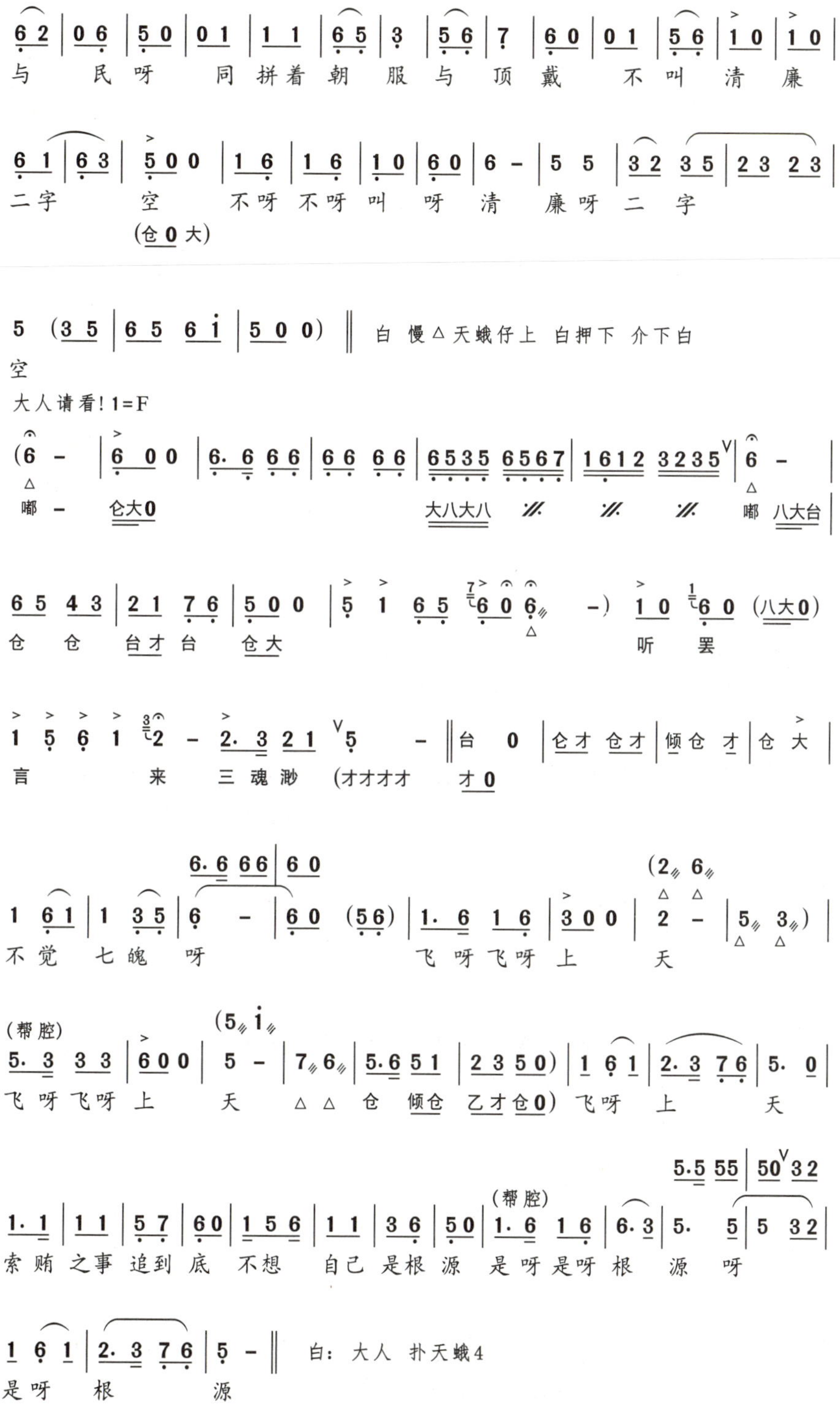

与 民 呀 同 拼着朝 服 与 顶 戴 不 叫 清 廉
二字 空 不呀 不呀 叫 呀 清 廉呀 二 字
(仓0大)
白 慢△天蛾仔上 白押下 介下白
空
大人请看! 1=F
嘟 – 仓大0 大八大八 嘟 八大台
仓 仓 台才 台 仓大 听 罢
(八大0)
言 来 三 魂 渺 (才才才才 才0
台 0 仓才 仓才 倾仓 才 仓 大
不觉 七魄 呀 飞 呀 飞呀 上 天
(帮腔)
飞 呀 飞呀 上 天 △ △ 仓 倾仓 乙才仓0) 飞呀 上 天
(帮腔)
索 贿 之事 追到 底 不想 自己 是根 源 是 呀 是呀 根 源 呀
是呀 根 源
白：大人 扑天蛾4

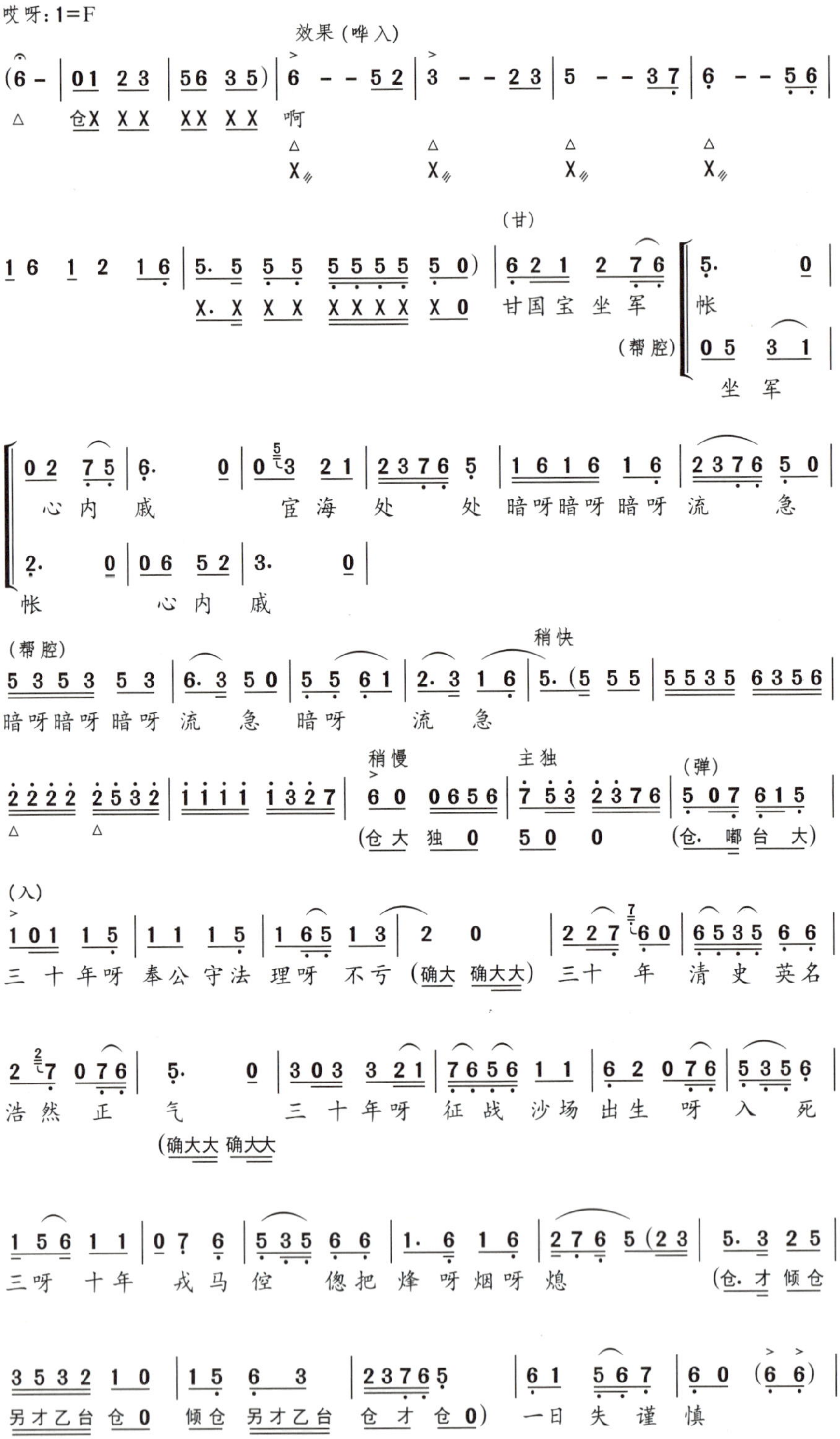
哎呀：1=F
效果（哗入）
啊
（甘）
甘国宝坐军帐
（帮腔）
坐军帐
心内戚
宦海处处暗呀暗呀暗呀流急
心内戚
（帮腔）
暗呀暗呀暗呀流急暗呀流急
稍快
稍慢
主独
（弹）
（仓大独0 50 0
（仓. 嘟台大）
（入）
三十年呀奉公守法理呀不亏（确大 确大大）三十年清史英名
浩然正气
（确大大 确大大
三十年呀征战沙场出生呀入死
三呀十年戎马倥偬把烽呀烟呀熄
（仓. 才倾仓
另才乙台仓0 倾仓另才乙台仓才仓0）
一日失谨慎

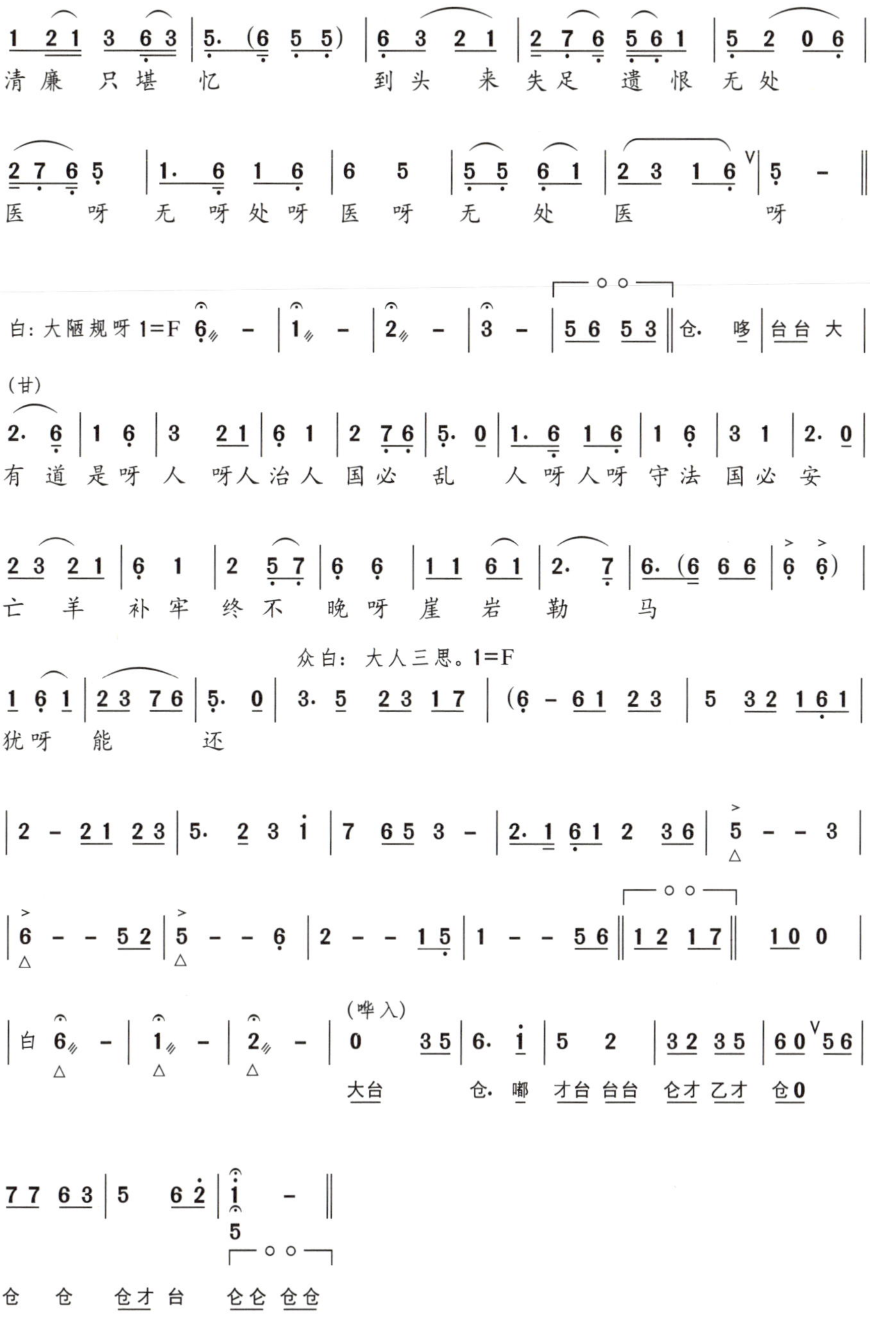

清廉只堪忆 到头来失足遗恨无处
医 呀 无 呀 处 呀 医 呀 无 处 医 呀
白：大陋规呀 1=F
(甘)
有道是呀人 呀人治人国必 乱 人呀人呀守法国必安
亡羊 补牢 终不 晚呀 崖 岩 勒 马
众白：大人三思。1=F
犹呀 能 还
白
(哗入)
大台 仓. 嘟 才台 台台 仓才 乙才 仓0
仓 仓 仓才 台 仓仓 仓仓

<尾声>

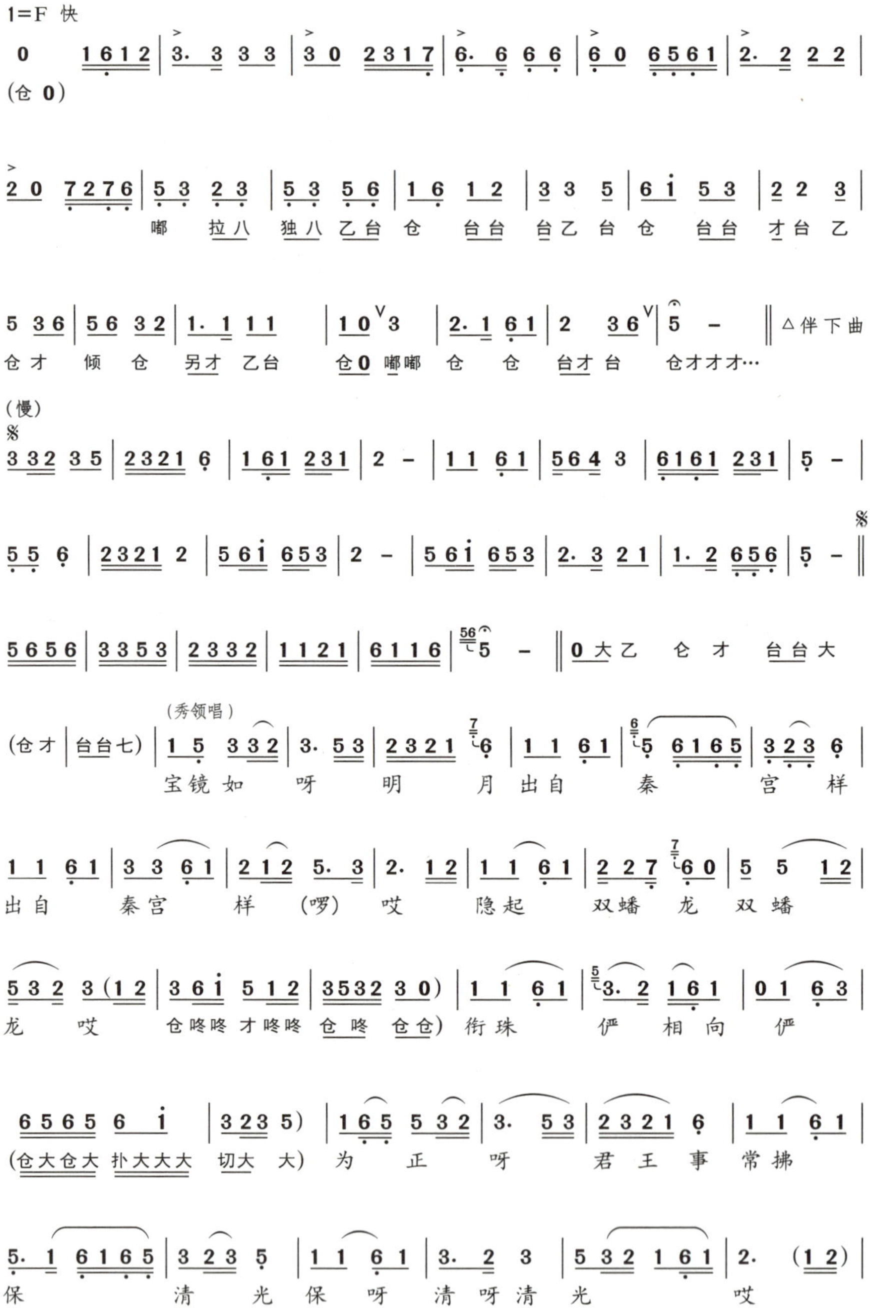
1=F 快
(仓 0)
嘟 拉八 独八 乙台 仓 台台 台乙 台 仓 台台 才台 乙
仓才 倾 仓 另才 乙台 仓0 嘟嘟 仓 仓 台才 台 仓才才才…
△伴下曲
(慢)
0大乙 仓 才 台台大
(仓才 台台七)
(秀领唱)
宝镜如 呀 明 月 出自 秦 宫 样
出自 秦宫 样 (啰) 哎 隐起 双蟠 龙 双 蟠
龙 哎 仓咚咚 才咚咚 仓 咚 仓仓) 衔珠 俨 相 向 俨
(仓大仓大 扑大大大 切大 大) 为 正 呀 君 王 事 常拂
保 清 光 保 呀 清 呀 清 光 哎

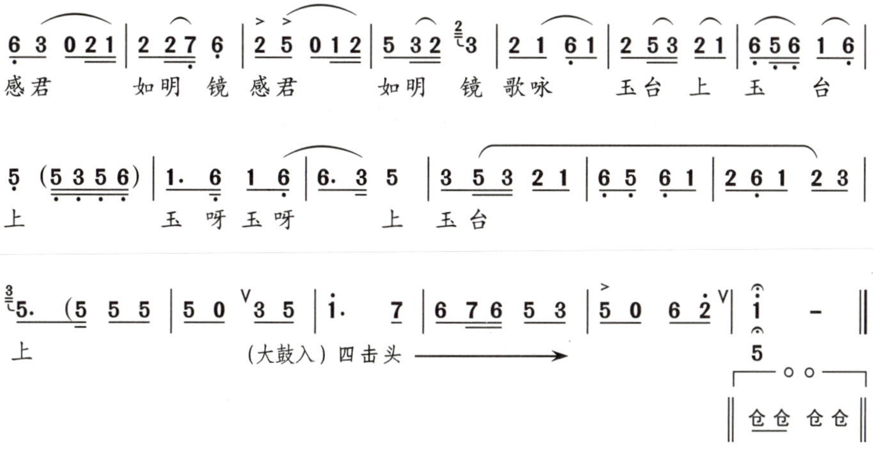

（剧终）

邱开安先生作

20018年参加福建省演

《陋规案》阐述

《陋规案》编剧创作访谈

■ 杨玉（现任北京联合大学艺术学院讲师）　■ 饶晓（现任湖北省戏曲艺术剧院编剧）

杨　玉：大家好，我是来自北京联合大学艺术学院的杨玉。

饶　晓：大家好，我是来自湖北省戏曲艺术剧院的饶晓。

杨　玉：很高兴今天和我的师姐一起做这个Q&A形式的创作访谈。

饶　晓：我觉得这样的模式可能比一篇传统的剧本阐述更能让读者身临其境，去感受到编剧的创作初心。

杨　玉：那我们就开始吧。第一个问题，最初你是怎么接触到这部戏或者说这个题材的？

饶　晓：我记得是在2017年的春天，最开始是有朋友转了好几道弯问我愿不愿意给屏南做一部戏。我问了下是自由创作还是命题，对方就说是当地的一位历史名人叫甘国宝，并且有一个比较标志性的历史事件叫厦门洋行陋规案，告诉我说你可以去了解一下。于是我先从网上了解了一些基本的脉络，然后就去了福建省文史馆，找了当时的馆长卢美松老师，向他寻求一些历史资料。

杨　玉：有什么发现？

饶　晓：卢老师向我推荐了一本书——《甘国宝文化研究》，是一本比较翔实的资料书。

杨　玉：还有什么吗？

饶　晓：有一个比较有趣的插曲。

杨　玉：哦？

饶　晓：当时在文史馆，卢老师一边在那里找书一边就问我，为什么愿意给屏南做创作。

杨　玉：屏南有什么特殊的地方吗？

饶　晓：对。当时我听到这个问题也是有点纳闷，于是我就问了和你相同的问题。然后卢老师就说，在福建，过去很多官员是不喜欢去屏南任职的。我问他为什么，他说因为“屏南”啊。我没有听懂，他半开玩笑地说，就是又贫（屏）又难（南）。

杨　玉：（笑）原来是这么一个“贫难”啊。

饶　晓：对，因为我老家是外地的嘛，当时工作又在福州，确实不懂屏南县是什么情况。那个时候还没有全面小康，后来才有听说屏南以前是国家级贫困县。大家都知道做新编剧目是要花钱的，所以做一部新编历史剧真的是一件可能在我们省团司空见惯，但是在他们整个县和这个剧种的历史上都前所未有的事。

杨　玉：听起来很有挑战。

饶　晓：现在回想是的，但是当时真的没想这么多，就想我一定要把它做好，没有什么其他的想法。

杨　玉：后来有什么验证了卢老师的话吗？

饶　晓：有。基本上就是两个方面吧，一个是现实的客观物质条件，真的是我见过最艰苦的。他们排武戏的地点，就在一个祠堂里面，那个地都是泥土的，连砖都没有。这和我们一般剧团的排练厅，有地毯有空调，那是有着天壤之别。

杨　玉：还有一点是？

饶　晓：还有一点是作为小剧种的人才断层。屏南平讲戏虽然是国家级非遗，但是老艺人已经80高龄了，剧团是民营的，平时靠进校园培养一些年轻孩子。大戏需要一些龙套，人不够只能从武术队找孩子来参加。

杨　玉：武术队？

饶　晓：屏南是武术之乡。

杨　玉：所以有的演员是临时找的？

饶　晓：这边唱平讲戏的演员不像国有院团，是没有专职的，平时都各有各的工作，为了这个戏，大家聚在一起，克服了很多困难，真的是非常地敬业。有一件事我印象很深刻，就是演王秀秀的那个女演员，她自己的主业是开一家美容院，排练演出期间，她把自己的店都给关了。

杨　玉：所以说在这些草根演员的身上，也看到了“戏比天大”的精神。

饶　晓：可以这样说。我们这个团队虽然不出名，没有所谓的大牌大腕，经费也非常有限，但是大家心特别齐，让我感受到了“众人同心，其利断金”。

杨　玉：经费有限到什么程度？

饶　晓：因为是清装戏，很多服装道具都是某宝同款，都是大家自己商量着选出来的。没有舞台美术设计、服装设计这些，因为实在是没有这么多钱。

杨　玉：新编历史剧没有舞美设计、服装设计，应该在全国可能都是个例。

饶　晓：确实如此，但是它一点也没有影响到大家的斗志和热情。

杨　玉：有点像我们现在说的“为爱发电”。

饶　晓：哈哈哈哈，确实，真的是每个人都在发光发热，并且充实而快乐。

杨　玉：这么说来，这个戏从创意到诞生都充满着期待。

饶　晓：对，每个人都很期待。而且不光是创作团队，观众也非常期待。

杨　玉：你是说当地的观众吗？

饶　晓：对，我从来没有见过一个戏这样被期待着。我记得首演的时候是2017年11月20日，在屏南，没有专门的剧场，就在一个体育馆里搭台。因为屏南在山区，气温已经比较低了。当时我是从福州出发，到了那边发现天气又冷又下雨。有句老话叫“刮风减半，下雨全完”，那会儿我就觉得，这么糟糕的天气，应该没有什么人看吧。结果到了体育馆一看，里面人山人海，坐着的站着的，还有人在门口询问怎么样才能进去看戏。

杨　玉：首演效果如何？

饶　晓：从观众反应看，大家是非常欢迎的，但是我们的想法不仅仅是在当地能够演出，我们希望能够去参加三年一届的福建省戏剧会演。

杨　玉：三年一届，听起来比较难得。

饶　晓：福建是戏曲大省，非专业剧团要入选省会演是非常有难度的，它意味着和国有院团以及一些大剧种去角逐奖项，这个在屏南是没有先例和经验的。第二年，也就是2018年，得知这个戏入选了省会演，大家还是很兴奋的。

杨　玉：有没有专门做一些准备？

饶　晓：在去福州参赛之前，也就是2018年的11月10日和11日这两天在当地的古峰镇古厦古山境和花亭街戏院演出了两场,然后11月16日就正式在福州参加了省会演的比赛。

杨　玉：我看了节目单，还是很精美的。

饶　晓：你看到的这个省会演的节目单其实也有故事在里面。

杨　玉：节目单也有故事？

饶　晓：里面有一张全家福的剧照，这是我们为了做节目单专门请省团的化妆师来给大家化妆拍的定妆照，也是为了让大家都有一个纪念，有台词的演员都有拍一张。但因为经费有限，真正比赛那天，只有三位主演的妆是化妆师画的。包括这个节目单的设计是我的学生帮忙做的；封面剧名，是请福建省知名的作家傅翔老师题的字，比较古朴，老师也没有收过润笔，真的是众人拾柴。

杨　玉：我忽然感觉你好像对整个剧目非常地了解，完全超越了一个编剧的状态。

饶　晓：因为我刚才有说，真的是众人拾柴，所以一些宣传发售的工作其实也是我作为编剧顺带帮忙做的。

杨　玉：所以会演当天的效果应该是不错的。

饶　晓：非常不错。不是因为我是编剧所以王婆卖瓜，这里面也有一个巧合。因为平讲戏其实算是闽剧的前身，他们两个剧种有很大的相似性，也就是审美会比较类似。刚好我们演出的剧场是市闽剧院的场地，来看戏的观众很多是闽剧的观众。所以在天时地利人和上，我们占了一个优势。我们设计应该是有剧场效果的地方，观众都给予了反馈，加上演员本身状态也非常的积极，所以现场的观演效果可以说是很不错。

杨　玉：有没有令你印象深刻的观众？

饶　晓：我很荣幸那天郑怀兴老师有专门去看这场演出，并且老师给了很高的评价。他说反腐倡廉的戏很多，但反腐反到自己头上，这个就很有意思。

杨　玉：那你是怎么想到这个点的？我是说这个戏叫《陋规案》，戏曲中一般叫什么“案”的剧目，通常都有一个清官去查案，历经险阻，和反面人物斗智斗勇，最后取得胜利。那你是如何做了这样的一个与众不同的构思？

饶　晓：一个是尊重史实和历史剧的精神，历史上甘国宝确实在这个事件中直面了自己的问题，没有辩解或是怨天尤人，而是吸取教训写下了“居官廉慎”的警句。还有就是因为他让我想起了另外一个人物——俄狄浦斯王。

杨　玉：古希腊悲剧中的俄狄浦斯王？

饶　晓：是的，我觉得这两个人物有一种相同的英雄气。就是他们的“错误”并非自己故意为之，而当命运把你带到了这里，你明白过来的时候，那种直面的勇气令人敬佩。

杨　玉：原来如此。感觉我们聊了这么多，才聊到了剧本的本体上。我有一个特别想问的问题，就是针对特定的这么一个剧种有没有一些在编剧层面就单独考虑的事情，也就是为一个剧种来写戏。

饶　晓：你说的是一种现象，别人是不是有，我不知道，但是我有，这部戏完全是量身打造的。

杨　玉：确实听你说了这么多，我完全可以感受到。最后一个问题，我刚才有犹豫要不要问。

饶　晓：你问。

杨　玉：就是这部戏最后参加省会演的结果如何，我是说有没有拿到什么奖项。

饶　晓：当然有。我们拿到了所有类目的奖项。

杨　玉：所有吗？！

饶　晓：对，包括剧目奖、编剧奖、导演奖、音乐奖和演员奖，其中我们主演甘国宝的老师拿的还是演员的二等奖，这是一个非常非常骄傲的成绩，我们有的省团的具备高级职称的演员也只能拿到二等奖，对一个从来没有评过职称的民间演员来说，这个成绩真的非常值得骄傲了。

杨　玉：确实，怎么好像没有听到你说舞美的奖？

饶　晓：因为我们这部戏压根就没有请过舞美设计啊。

杨　玉：（笑）忘记你刚才说过了。

饶　晓：所以正如你说，这是一次“破天荒”，是屏南和屏南平讲戏历史上的里程碑。也正因为如此，我们有了这次访谈。

杨　玉：感谢你分享了这么多，愿这部戏能走得更远。

饶　晓：愿屏南平讲戏能佳绩频出，永不畏难。

平讲戏《陋规案》导演阐述

■ 窦龙人

《陋规案》中的主人公甘国宝，曾出现不同版本的剧作，例如闽剧《王莲莲拜香》《甘国宝》等，大多以王莲莲为主推动剧情发展，甘国宝也不过是起到了插科打诨的作用，并非重要角色。

国家级非物质文化遗产平讲戏起源于屏南。根据历史记载，甘国宝也出生在屏南，武进士出身，用屏南本地的剧种宣扬屏南的英雄人物，很好地推进了国家级非物质文化遗产项目的传承与发展。平讲戏《陋规案》是取材于“陋规案”真实的历史，但不是为了还原历史来抒发某种政治理想，而是强调了甘国宝的内心冲突，与官员的矛盾冲突，成为了历史题材剧。这是《陋规案》艺术追求的“新”。

为体现剧种的艺术魅力，如何更好地展现平讲戏的艺术特色，我认为首当其冲的就是唱腔。平讲戏的唱腔源于闽东北地区的民歌，大多都是“一人唱，众人和”的帮腔体，因此，本剧的唱腔主要以“帮腔”为主。以往平讲戏的乐队都在天幕一排（包括专门帮腔的演员），随着时代的发展，这种表演形式也逐步转为后台，在继承创新的基础上，我将这种集体帮腔的表演形式保留在了舞台上。与传统不同的是，帮腔主要体现在群众演员，例如头场的送别，万民相送甘国宝，此时帮腔的责任就落在了百姓身上，既达到舞台效果又不失传统，所以在全剧中，保留平讲戏唱腔特色作为表演的风格之一。

不同以往的剧目，《陋规案》一剧中分别有六名角色（赵参军、钱守备、孙千总、李把总、仆人甲、仆人乙）以丑角行当刻画，虽然同属一个行当，但有着不同的表演风格，这在其他剧种比较罕见，足以体现平讲戏丑角的艺术魅力，更好地继承了张贤楼、张尊盟两位平讲戏传承人的表演特色。

说到本剧的主人公甘国宝，从头场的送别，与台湾百姓不舍的心情再到厦门上任操练水师的边防部署，身份、背景、地点都发生了变化，所以心理上也随着这些而变化。他是水师提督，武进士出身，如何体现武将气魄？屏南又是武术之乡，在第二场水师“操演”的群体组合，我将屏南的武术套路结合戏曲程式表演运用到这场戏当中，也充分展示了屏南武术的风采。第四场“暗访”中与董六、仆人甲、仆人乙也设计了开打部分，将戏曲舞台上不常见的徒手“拿法”加进去，最后呈现出来的是以一敌三，不但强调甘国宝内心的一面，也展现了甘国宝武将的一面。

最后说到舞美，本着化繁为简的原则，舞台上的所有必须要求真、要求美，真实地靠近历史，从服装、化妆、道具都要严谨，美不单单是浮夸的舞台背景，而是强调演员本身呈现出来的表演美、自然美，突出平讲戏的表演特色与唱腔特色。要继承和弘扬优秀民族戏曲艺术，就应该立足民间，面向大众，弘扬传统，勇于创造，才能切实推动当代戏曲的发展，把“还戏于民”落到实处。也希望可以通过《陋规案》这出戏给平讲戏一次春天，给平讲戏一次新的生命。

《陋规案》剧评

浅析全面从严治党视域下廉政戏曲的当代价值
——以屏南平讲戏《陋规案》为例

■ 曹松（武汉工程大学马克思主义学院）

在中国戏曲史上以清廉为主题的戏曲作品十分丰富，例如大家耳熟能详的《铡美案》《赤桑镇》《海瑞罢官》《廉史于成龙》《罢宴》《金缕曲》等等，这些戏曲作品所表现反腐倡廉和勤政为民的价值旨归，与党的十八大以来党中央做出全面从严治党的战略部署具有相同的精神内核。这充分表明戏曲艺术在当下的全面从严治党与党风廉政建设中具有十分重要的时代价值，笔者试图以屏南平讲戏《陋规案》为例，从廉政建设的当代语境，探寻传统戏曲艺术与党风廉政建设的关系，进而挖掘中国传统文化集大成者——戏曲艺术的当代价值，以期为新时代廉政主题的戏曲创作提供有意义的借鉴和参考。

屏南平讲戏是闽剧前身之一，是明末清初流行于闽东民间的“驮故事”（也称“肩头棚”）表演艺术演变而成的，形成于清初，起源于福建屏南。屏南平讲戏用当地方言唱，平俗如讲话，因而得此名。党的十八大以来，屏南县加大对传统文化的挖掘力度，屏南平讲戏这一地方古老剧种，在沉寂了几十年后，又渐渐进入人们的视野，成为屏南地方传统文化的一抹亮色。

平讲戏《陋规案》讲述的是清乾隆年间福建屏南县人甘国宝在就任福建水师提督后，经台湾客商林老板建言后，乔装打扮，微服私访，调查洋行摊派一事真相，在发现事情竟是因自己而起之后，甘国宝坚持“为官廉慎”的原则，勇于自我革命，严惩主犯董七的同时，甘愿与下属同罪并罚，承担主体责任的故事。

一、时代导向和文化传承的兼顾

好的文艺作品必然是立足于充分地民族文化自信基础之上，并在思想激越的时代文化环境中成长起来的。2014 年，习近平总书记在文艺工作座谈会上谈到，衡量一个时代的文艺成就最终要看作品。推动文艺繁荣发展，最根本的是要创作生产出无愧于我们这个伟大民族、伟大时代的优秀作品。

全面从严治党，是新时代党的建设工作的突出要求，是我们党在新形势下进行具有许多新的历史特点的伟大斗争的根本保证。全面从严治党的一个关键内容就是党风廉政建设。习近平总书记在第十八届中央纪律检查委员会第五次全体会议上的讲话中强调党风廉政建设和反腐败斗争永远在路上，这表明党风廉政建设的重要性和长期性。戏曲是中华文化的瑰宝，习近平总书记指出，我们要善于把弘扬优秀传统文化和发展现实文化有机统一起来，紧紧结合起来，在继承中发展，在发展中继承。

屏南平讲戏《陋规案》以中国传统戏曲的形式，借古喻今，讲述廉政建设和反腐败斗争故事。在表现形式上，该剧是对传统文化的传承。通过这一作品，观众欣赏到了中华戏曲百花园中一朵璀璨的奇葩——屏南平讲戏，领略到其质朴自然的行腔风格，平白如话、通俗易懂的表演特点，从中感受到优秀传统文化带给人的酣畅快意。

在主旨立意上，该剧又是对时代主题的回应。全面从严治党不是一个抽象的概念，党风廉政建设不是一个空洞的口号，它必然要反映在我们现实生活的方方面面，让广大党员干部可知可感可学。《陋规案》讲的虽然是清代官员的故事，但对当下仍然有着突出的借鉴意义和警示作用。对党员干部来说，它能够自然而然地让人联想到当下党风廉政建设工作的重要性和复杂性，引以为戒；对普通观众来说，切入点虽小，却是老百姓实实在在关心和期盼解决的问题，反映了我们党全面从严治党的决心，也弘扬了社会正气，发动人民群众像“林老板”一样不屈服于潜规则，敢于向腐败分子说不，敢于同害群之马做斗争。

传统形式与当代立意的结合，让《陋规案》兼具明确的时代政治导向和中华优秀文化精神内核，实现了传统戏曲美与时代意蕴美的和谐统一，是在当代语境下对传统文化的创造性转化和创新性发展，与时俱进、守正创新的一部优秀的戏曲作品。

二、传统美德与现代文明的融合

习近平总书记在十九届中央纪委六次全会上发表重要讲话指出，领导干部特别是高级干部要带头落实关于加强新时代廉洁文化建设的意见，从思想上固本培元，提高党性觉悟，增强拒腐防变能力。党风廉政建设一直都是全面从严治党的重要内容，这次讲话中更加突出了廉政文化建设的重要性，为推动新时代廉洁文化建设提供了根本指导。

需要注意到的是，新时代廉洁文化建设并不是凭空而来的，不是无源之水，无本之木，而是扎根于中华文明深厚的传统美德之中。廉洁是中华传统美德之一，廉洁文化源远流长。早在战国伟大爱国诗人屈原的《楚辞》中，就提出了“朕幼清以廉洁兮，身服义而未沬。”东汉学者王逸对此解释说“不受曰廉，不污曰洁”，意思是不接受别人的钱财礼物，不让自己的品德受到玷污，这就是廉洁。从古至今，中国涌现出了一批与廉洁文化相关的格言警句、文学作品、模范典型，并将廉洁上升成为了官员的基本道德要求。《周礼》中提出对官员的考核有六廉——廉善、廉能、廉敬、廉政、廉法、廉辨。明代郭允礼的《官箴》，则系统地提出了“吏不畏吾严而畏吾廉，民不服吾能而服吾公；公则吏不敢慢；廉则民不敢欺。公生明，廉生威”，成为对“公”和“廉”最为经典的阐释之一。平讲戏《陋规案》中甘国宝所引用的“先贤有言：公生明，廉生威”，即来源于此。

新时代廉洁文化建设也是对中国共产党优良作风的忠实继承和创新发展。在新民主主义革命和建设以及社会主义建设过程中，中国共产党在长期革命和执政实践中，形成了三大优良作风，即理论联系实际的作风、和人民群众紧密联系在一起的作风、批评与自我批评的作风。这三大作风虽然无一字直接说“廉”，但与廉息息相关，不可分割。它们强调了党为人民服务的初心和宗旨，体现了共产党员的本色，是全面从严治党的内在要求和党风廉政建设的具体方法。《陋规案》中甘国宝听到林老板控诉之后，便微服调查真相；在调查前，积极听取仆人陈妈的建议；在得知真相之后勇于自我反省、承担责任。这种精神，与党的三大优良作风不谋而合。古人尚能如此，何况当代的共产党员？因此，《陋规案》写的虽是古代事，却既体现了中华传统美德，又融合了现代政治文明的深刻内涵。

三、艺术价值与思想价值统一

2021 年 12 月 14 日，习近平总书记在中国文联十一大、中国作协十大开幕式上的讲话中指出，要把提高质量作为文艺作品的生命线，不断提升作品的精神能量、文化内涵、艺术价值。习近平总书记的讲话是创作一部优秀的文艺作品的根本遵循，当代的文艺作品应该具备的特点，即植根群众、思想精深、艺术精湛、制作精良。

平讲戏《陋规案》作为一部戏曲作品，艺术质量是它的“生命线”，即它首先应该是一个合格的艺术品，不是为宣传而宣传的应时之作、快餐作品。为做好这一作品，屏南县漈头平讲戏传习所不仅充分调动了自身的人才力量，全心全意投入到创作之中，而且邀请来了著名编剧饶晓、著名导演李幼斌、优秀青年导演窦龙人、著名作曲家邱开安等优秀的创作团队，为作品成功提供了人才保障。在剧本创作上，编剧通过巧妙构思，以甘国宝为中心人物，将陋规案的经过抽丝剥茧，环环相扣地呈现给观众，引人入胜、动人心弦，为作品成功奠定了坚实的文本基础。在排演方面，导演、作曲和演员一方面遵循了中国戏曲写意性、程式性、综合性等基本美学特征，另一方面又坚持了平讲戏剧种传统，做到了通俗易懂、朴实生动，满足了观众的审美期待。

与此同时，《陋规案》作为一部有思想追求的文艺作品，在全面从严治党的时代主题背景下，深度挖掘故事的现代内涵，体现出了应有的思想引领价值。全面从严治党，核心是加强党的领导，基础在全面，关键在严，要害在治。它要求广大党员干部牢牢把握党性，做党风党纪的示范者；牢牢把握教育，做廉政学习的优等生；牢牢把握制度，做从严治党的内行人；牢牢把握作风，做廉政建设的排头兵。《陋规案》作为一部廉政戏曲作品，从正反两个方面都进行了思考和探索。从正面来讲，它巧借中华民族优秀文化传统中的“清正廉洁”，巧借中国古代廉洁官员的感人故事，作为作品的文化内核，对廉政文化宣传叙事的枯燥单调做了巧妙的规避，既讲好了中国故事，又反映了中国精神，带给广大党员干部和人民群众以积极启示。从反面来讲，它不仅刻画了甘国宝这一正面人物形象，同时还刻画了董七、赵参将、钱完备等反面人物形象，对他们的错误进行了描写和剖析，既有对金钱名利的贪婪，同时还有“法不责众”“不拿白不拿”的侥幸和投机心理——这是当下党员干部同样需要克服的人性的弱点。

不仅如此，《陋规案》还借甘国宝的自我反省，对陋规一案的原因进行了深刻剖析，即“我甘国宝有御下不严之过，未能把持之误，开了端头，有了滥觞”。作为一个封建官员，一方面甘国宝意识到了公和廉的问题，能从自己身上找原因。但另一方面，他又有着时代和个人的局限性，没有意识到，在封建专制制度和“人治”的大背景下，仅仅靠一个官员的“自我批评”是不能从根本上解决问题的。而当代中国共产党人已经深刻意识到这一问题并提出了科学的解决办法，即坚持依法治国，以法治代替人治。正如习近平总书记在参加十二届全国人大三次会议上海代表团审议时的讲话所说，要坚持思想建党和制度治党紧密结合，全方位扎紧制度笼子，更多用制度治党、管权、治吏。只有这样，才能从根本上解决“陋规”这类的腐败问题，从根本上避免当代“陋规案”的发生。

拼将身名一处断

——评新编屏南平讲戏《陋规案》

■ 李杰（青年编剧、剧评人。武汉大学艺术硕士，山西传媒学院白燕升戏曲研究传播中心教师）

每个时代每个地区，人们心目当中都有自己敬仰的“英雄”，有的是保家卫国征战沙场的将军，有的是为民请命两袖清风的良臣，有的是路见不平见义勇为的侠士，还有的则是自强不息超越自我的“凡人”。这些英雄的故事，以传记或口述的方式，或浓墨重彩地记载于正史，成为世代褒扬的典范；或口耳相传地流行于民间，成为令人惊叹的传奇。这些英雄都有一个共同的特点，无论是居庙堂之高，还是处江湖之远，他们总是与老百姓同呼吸、共命运，思百姓之所忧，急百姓之所需，行百姓之所盼，体现出了中国人最朴素的道德是非观和最淳朴的家国理想。

流传于福建省宁德市屏南县的民间文学、福建省级非物质文化遗产“甘国宝传说故事”，就是平凡百姓英雄情结的生动体现。甘国宝（1709—1776年），祖籍屏南漈下，清代名将，官至广东提督、福建陆路提督兼闽阅操大臣。他戎马四十余载，足迹遍及福建、台湾、广东、湖南、贵州、浙江、云南等地，留下了征抚缅甸、平定黎民起事、缉捕海盗、捐薪济民、和睦土著等赫赫功勋。后世民众因此建立“甘公祠”“甘公庙”供奉甘国宝，并以民间口头文学形式传颂其事迹，甚至演绎出一些神乎其神的故事，如“梦虎而孕”“白虎精转世”“越墙化虎”等等，为其人平添几分神秘色彩。由此，甘国宝也成为八闽大地上一个令人瞩目文化“IP”，受到历代文艺创作者的青睐，创造性转化创作出闽南语歌仔戏《甘国宝过台湾》、闽剧《甘国宝》、福州评话小说《甘国宝玉持刀》等作品。

在此背景下，屏南县漈头平讲戏传习所创作演出的新编平讲戏《陋规案》应运而生，以“家乡戏”演“家乡人”的方式，讲述了甘国宝任职福建水师提督期间，持廉秉公，废除陋规的故事，既丰富了甘国宝这一屏南英雄人物的形象，又传承发展了平讲戏这一优秀传统文化，还着力弘扬了廉政文化，具有鲜明的思想意义和艺术价值。

一、选材巧：横看成岭侧成峰

甘国宝被誉为“八闽之光”，他的事迹经过两百多年传颂，在八闽大地家喻户晓、妇孺皆知。此前，歌仔戏和闽剧对这位名将的事迹早有演绎，多将其塑造成一位“浪子回头金不换”的有志青年。他少年嗜赌，后幡然醒悟，凭借军功飞黄腾达之后，不计前嫌以德报怨，向当年曾侮辱过自己的表姐王莲莲伸出援手。尤其是闽剧《甘国宝》，历经百年流传打磨，早已深入人心。

珠玉在前，平讲戏《陋规案》自不甘雷同，落入下乘。编剧饶晓对甘国宝的生平事迹做了细致了解和深度挖掘，一方面并没有刻意回避甘国宝任职台湾、老虎精转世等家喻户晓的事迹，在该剧中作为故事背景恰到好处地加以体现，让熟悉甘国宝生平经历的观众心领神会，也让不熟悉其生平的观众平添了几分新鲜感；另一方面又跳出以往类似题材长篇叙事的窠臼，把笔墨集中在了“陋规案”这一对甘国宝来说看似“不光彩”的负面事件上，在有限的时空里迅速地抓住了观众的眼球，主题鲜明、线索清晰。

“陋规案”发生于甘国宝任职福建水师提督任上，这一时期，他遇到了人生当中唯一一次降职处分。所谓“陋规”，指的是当时福建水师盛行已久的“贴补官价”“商船贴补”现象，即福建水师所辖范围内的商船为海疆安宁、行船方便，自动提供补贴，为水师衙门将士补助饭食和公务支用。其愿意本来不坏，且纯属自愿，但日久生弊，竟滋生大面积的“寻租”受贿，成为陋规。甘国宝到任福建水师提督后，也曾查问“商船补贴”缘由，但并未仔细追究，而是因循陋例，以致酿成错误。此案爆发后，甘国宝坦然反思自己的错误，本着“亡羊补牢终不晚，悬崖勒马犹能还。拼将身名一处断，不让陋规再后传”的决心，自请治罪。

陋规案的经过本身并不曲折，相比甘国宝平定黎民起事、缉捕海盗等事迹来说，没有那么强烈的“戏剧冲突”可言，着实算不上一个多么复杂的题材。但编剧却匠心独运，以当代视角解构历史故事的内涵，在塑造一个不一样的甘国宝的英雄形象同时，将其人其事与廉政文化深度关联起来，挖掘一位廉臣“吾日三省吾身”、知错即改的心路历程，欲扬先抑，借古喻今，为故事注入了“横看成岭侧成峰”的多重内涵。

二、立意巧：要留清白在人间

传统戏曲中的清官、廉吏甚多，包青天（包拯）、海青天（海瑞）、况青天（况钟）的美名脍炙人口。但细察之下不难发现，戏曲中的清官、廉吏，多是两袖清风、铁面无私、断案如神，他们的对手不是昏君、奸臣，就是恶霸、豪强，哪怕偶尔自己有所过失，也多是受家人朋友之累，最终仍是以“大义灭亲”而收笔。

平讲戏《陋规案》与人们平常看到“清官戏”多有不同。甘国宝的对手看似是董七这类恶商以及赵参将、钱守备这些水师衙门官员，但实际上更是他自己——他一时失察，批下了一纸公文，让自己成为“陋规”这一贪腐机制中最重要一环。在某种程度上，可以说甘国宝也是这一陋规最大的“既得利益者”。这也导致了，不仅是他的官位、权势，还有他三十年宦海浮沉积累的种种“威名”“英名”“美名”，都被董七等人算计在内，被陋规深深绑架。若陋规延续，则大家“一荣俱荣”，甘国宝官位和名声都能得保；若打破陋规，则大家“鱼死网破”，甘国宝不仅不能获得成绩，反而要承担领导责任，赔上官位和名声，还将如剧中钱守备所说的“把人得罪完了，过往的大人们都要受牵连，下官们也要受处分”，这种“赶尽杀绝的事”将导致他在官场上成为孤家寡人，永难翻身。如此两难的选择困境，让看似波澜不惊的剧情，充满了内在的悬念和心理冲突，时刻揪动着观众的心弦，让人不禁好奇甘国宝究竟将如何抉择。

此外，所谓的陋规，并不只存在于一时一地。那些所谓的“规礼”“杂费”“礼尚往来”之类的“潜规则”，从古至今一直或轻或重地存在于行政体制当中，从未彻底消失。这是当下每一位党员干部都应该警醒的现象。俗话说，“祸患常积于忽微，而智勇者多困于所溺”。习近平总书记曾强调，思想的口子一旦打开，那就可能一泻千里。干部不论大小，都要努力做到慎独、慎初、慎微，不以恶小而为之。平讲戏《陋规案》秉承了这一廉政理念，借甘国宝不顾自身受牵连也要废除陋规的故事，体现出“粉身碎骨浑不怕，要留清白在人间”的坚定信念，传递“为官廉慎”的正能量，寓教于乐地警示领导干部自觉坚持党纪国法，铭记初心，保持本色，一心为公，坦荡做人，谨慎用权，光明正大，使这一剧作具有了强烈的时代意义。

三、构思巧：大珠小珠落玉盘

戏曲作为中国独特的戏剧形式，具有“以歌舞演故事”的表演生动性和高度的写意性、程式性等特点，这是戏曲的意蕴和魅力所在。屏南平讲戏作为传统戏曲的一种，是福建特有的地方剧种，除具有戏曲普遍特征之外，还有着唱词和对白都用方言，平白如讲话的特点，贴近生活，通俗易懂，故而深受屏南戏迷观众的喜爱。平讲戏《陋规案》充分体现剧种特色，全剧语言朴实通俗，又不失风趣幽默，充满生活气息，比如剧中恶商董七的仆人，自称是“下人好比一条狗，蹲在豪强家门口。让我咬谁我咬谁，让咬几口咬几口”。寥寥几句，入木三分地刻画出了“狗腿子”可憎又可笑的形象，既起到了讽刺效果，又调动了观众的情绪。

在剧情构思和人物塑造方面，《陋规案》同样注重发挥戏曲的优势，将唱念做打充分地融入剧情之中，带给观众赏心悦目的表演。甘国宝作为剧中的核心人物，不仅有大段大段的唱腔来表现人物的情感、思考和廉慎品质，还结合了其“指虎画”的生平传说和身为将领的职业特点，设计了指虎画、学习下人走路、与恶仆打斗等表演内容，既有利于人物形象的塑造，又大大丰富了表演形式，为台上的演员提供了表演支点，提供了施展才艺的空间。

除甘国宝外，剧中还设置了几个次要人物，如深明大义、智慧勇敢的甘国宝妻子廖雪娇，身堕风尘却洁身自好、品性高洁的花魁女王秀秀，老谋深算、工于心计的恶商董七，随波逐流、浑水摸鱼的水师衙门众官员以及不惧权势、勇于抗争的台湾客商林老板等。此外还有一些看似不起眼的“小人物”，如董七家的恶仆、廖雪娇的仆妇陈妈、王秀秀的侍女梅英等。这些人物虽着墨不多，但每一个都个性鲜明、形象生动，充分体现了各自的性格特点和表演特色。在全剧谋篇布局上，这些次要人物和“小人物”更是起到了前后呼应、互为因果、环环相扣的作用，从正反两方面推动了剧情发展，烘托了甘国宝的形象。

如台湾客商林老板，贯穿了全剧，从序幕中甘国宝离台赴闽到尾声中甘国宝离闽赴滇，两番相送，既是以剧中人身份见证了甘国宝仕途变迁，又代入了观众的视角感悟着人间冷暖，丰富了剧作对人生况味的表达。又如仆妇陈妈，原本只是甘家的“下人”，却在甘国宝欲假扮仆人探查洋行的关键时刻，以自己的生活经验，指出了甘国宝种种与“仆人”身份不符的言行，既体现了甘家和睦友好的家风，更表现出了老百姓的生活智慧。这些富有个性和智慧的人物组合在一起，让人不禁有一种“嘈嘈切切错杂弹，大珠小珠落玉盘”的美感，直让人觉得目不暇接、美不胜收。

习近平总书记在文化传承发展座谈会上指出，中华文明具有突出的连续性、创新性、统一性、包容性与和平性。中华文化一方面源远流长、薪火相传，另一方面又与时俱进、守正创新。包括屏南平讲戏在内的传统戏曲的传承发展历程正是对中华文明这一突出特性的充分反映和生动实践。

近年来，屏南县漈头平讲戏传习所聚焦平讲戏剧种特色，积极开展剧目创作和人才培养工作，推动戏曲进校园、进社区等传播普及工作，带动平讲戏出戏、出人、出影响力，取得了积极成果。平讲戏《陋规案》是该所克服种种困难，在现有艺人的基础上，聘请了已解散多年的县闽剧团部分艺人担纲，并请来著名戏曲导演李幼斌、优秀青年导演窦龙人、著名编剧饶晓、著名作曲家邱开安助阵，倾情打造的一部新编历史剧。2018 年 11 月，该剧在福州大戏院成功上演，亮相第七届福建艺术节暨第二十七届全省戏剧会演，一举拿下剧目、编剧、导演、音乐四个三等奖，还有两名演员分获表演二等奖、三等奖。对于平讲戏这个“小剧种”和漈头平讲戏传习所这个民间剧团来说，这是开天辟地头一回。但我们有理由相信，这只是属于平讲戏和漈头平讲戏传习所的“一小步”，这还将成为平讲戏传承发展复兴的重要一步。

只要人心不散，剧团就不会解散；只要人心不失，剧种就不会流失。由衷地期待漈头平讲戏传习所坚守阵地，逆流而上，创作出更多有影响力的好作品，培养出更多优秀青年演员，培育出更多年轻观众，让平讲戏这一优秀传统文化在八闽大地上绽放出灿烂夺目的光彩。

融合地域人文历史，彰显剧种当代价值
——由平讲戏《陋规案》浅议地方小剧种发展之道

■ 林静（青年剧作家）

中国戏曲是中国文化重要组成部分之一，在世界剧坛上独树一帜，具有鲜明的民族特色和审美特征，是华夏文明的瑰宝。全国各地几百种地方剧种如园中奇葩，芬芳各异、争奇斗艳。然而，在当代社会生产生活大变迁的背景下，这些古老的艺术形式日渐萎缩、消亡，令人扼腕唏嘘。近年来，国家出台了许多扶持政策，广大院团和戏曲工作者备受鼓舞，并努力结合新的时代条件传承和弘扬中国戏曲，创作了一大批优秀作品，涌现了许多新生人才，但一些地方性小剧种的发展传承依然举步维艰、不容乐观。当下地方性小剧种如何抓住机遇、传承发展？福建平讲戏《陋规案》的排演和获奖，或许能给我们带来一些思考。

一、扎根厚土，弦歌不辍

福建戏曲是中华戏曲百花园中的名花奇葩，源于唐五代，形成于宋元，兴盛于明清，传承于当代，具有历史悠久、剧种繁多、剧目丰富、特色鲜明、艺术精湛等特点。福建戏曲是中华民族优秀传统文化重要的组成部分，植根于八闽大地，赓续着福建历史文化血脉，是福建乃至全国一张亮丽的文化名片。除了人们熟知的莆仙戏、梨园戏、闽剧、高甲戏、芗剧五大主要剧种，还有潮剧、闽北四平戏、南词戏、闽南打城戏、永安大腔戏、闽北三角戏、梅林戏、闽西汉剧、平讲戏、北路戏以及木偶戏等多种地方戏曲活跃在八闽大地，并随着福建移民而传播到海外各地，影响广泛。

近年来借着戏曲发展利好政策的东风，地方文化部门更是多种实践举措促进戏曲发展繁荣。

一是积极培养戏曲专业人才。在普通高校特别是地方高校内设立地方戏曲专业，如梨园戏专业，以梨园戏表演、器乐、编导及文化产业等为培养方向，促进与企业、院团、戏曲传承人的合作，构建“1+X”互动教学模式，即实行高校教师与校外专家联合培养方式，多师协同，从学理和实践两方面完善教学体系，培养一专多能的高层次实践型人才，健全戏曲人才队伍建设。

二是广泛开设地方戏曲课程。在高校开设“福建戏曲文化概论”“福建戏曲艺术鉴赏”等公共选修课，在中小学普及福建戏曲文化基础知识，提高整体性文化认同。在服装设计、美术、音乐、舞蹈、旅游、传播、编导等专业中开设“戏曲文化与旅游”“戏曲文化产业”“戏曲文化传播”“戏曲编剧”“戏曲导演”等专业选修课，在专业中开展融合戏服、音乐、舞蹈、杂技等地方戏曲元素的实践教学，推进福建戏曲的可持续发展。

三是建设地方戏曲高校传承实践基地。打破高校以教师为主体的戏曲研究格局，成立师生组合的研究团队，吸纳有浓厚兴趣的优秀本科生及研究生，进行深入探索、创新式的研究与学习，加深青年学子对福建戏曲价值及内涵的理解，提升戏曲研究理论水平，使其自觉成为福建戏曲文化的研究者与传承者，为福建戏曲的创造性转化和创新性发展培养创新型人才。

另外，福建戏曲紧抓创作，导向明确，坚持守正创新，坚持以人民为中心的创作方向，提倡题材多元化，具有现代意识，诠释现代精神、彰显当代价值，创作出了许多剧种艺术特质与当代审美品格并重、奏响时代强音的新剧目。

一是扎根于民间土壤，为人民群众创作。引导广大创作者用心体验生活、提炼生活，表达人民群众的情感世界和精神追求，建立与人民的精神联系。在接地气和聚人气上下功夫，从当下观众的审美趣味和欣赏习惯出发，创作出既能让观众看得懂、喜欢看，又能体现现实关怀和精神价值的佳作。

二是立足于本土文化，讲好地域故事。深挖各地历史人文资源，将历史故事搬上舞台，将历史人物变成鲜活的舞台艺术形象，展现本土历史人物事件的现实意义和当代价值，以古鉴今，引发人们对历史的反思及对当代生活的思考。

三是讴歌时代精神，提升创作格局。不管是历史题材还是现实题材，都应该在坚持戏曲的程式化与古典性的美学原则下，自觉运用现代价值观念，形成新编剧目的当下性与时代性。以小见大，以个体命运呈现时代变迁，以寻常生活展现社会图景；化大为小，将家国情怀赋予普通人物，将时代精神融入百姓故事。

正是在这样的发展氛围之下，福建戏曲近些年硕果累累，涌现出莆仙戏《踏伞行》，高甲戏《浮海孤臣》《郑成功》，闽剧《兰花赋》等一大批人民群众喜闻乐见的优秀剧目。而平讲戏《陋规案》也正是在这样根深叶茂、生机蓬勃的发展氛围中应运而生。

二、融合历史、辉映当代

在全国各地都在大张旗鼓一边倒地抓现实题材时，福建的创作者们一直坚定地保持着一份清醒，要丰富和发展剧目题材，在关注现实社会，致力于与时代同频共振的同时，也应该遵循戏曲创作的规律，坚守戏曲审美特征，结合当地人文历史资源，努力创作新编历史题材剧目。

平讲戏《陋规案》的创作，得益于其得天独厚的题材和剧种优势。该剧取材于屏南当地历史文化名人甘国宝破除陋规、清正律己的史实。以当地流行的传统剧种平讲戏的形式，讲述了清代名将甘国宝任福建水师提督期间，整治其管理体系内的贪腐案件，最后勇于承担主体责任，接受降级处置的故事。

甘国宝，字继赵，号和庵，福建屏南人，雍正元年（1723 年）武进士。善画虎，多以指头为之。曾官至福建陆路提督，兼闽阅操大臣，为清代名将。其故居漈下村，地处屏南县境之西南部，文笔山南麓盆地之龙漈溪畔，为中国历史文化名村。该村跌水成漈，宕流水缓，明清民居，古意盎然，民风古朴，风景宜人。标志性建筑是明代古城楼和马氏仙宫。有清乾隆皇帝御赐“福”字匾、甘国宝指虎画和民间习武器械石锁、石蛋等珍贵文物遗迹存世。全村沿袭习武之风。

屏南平讲戏，是福建特有的传统戏曲剧种之一，是闽剧前身之一。平讲戏，是闽东方言区最具影响力的地方高腔剧种，系由明末清初流行于闽东北民间、别称“肩头棚”的“驮故事”表演发展而来，普遍流传于福建省屏南县一带。其艺术形式比较简单原始，唱腔中多有当地民歌俚曲及道腔释乐的成分，演唱时只用“刀鞘板”配合锣鼓打出节奏。平讲戏与弋阳腔具有相同的演唱特点，采用徒歌与帮腔结合的“唱”“和”形式，“一人成声而众人相和”。后来经过发展，逐步增加了弦乐伴奏，所用乐器有“毛胡”“指呐”等。平讲戏常演的剧目包括习称为“七双”“八赠”“二十一杂”的一批经典作品及小生、小旦、小丑应工的一些“三小戏”。由于唱词和对白都用方言，表演质朴粗犷、平白如话，故称“平讲戏”。2012 年初，平讲戏被选入福建省级非物质文化遗产。2014 年 7 月平讲戏入选第四批国家级非物质文化遗产名录。

与全国各地的地方性小剧种一样，纵然是在政策利好、东风徐来的福建，作为坚守一隅的小剧种，平讲戏的传承和发展，依然困难重重。所幸在屏南县漈头平讲戏传习所，有一群以市级非遗平讲戏传承人张尊盟、所长张乾胜为首的爱戏人，他们多年来坚持不懈地传承创新、普及推广着平讲戏。

创排《陋规案》的屏南县漈头平讲戏传习所，多年来致力于地域小剧种平讲戏传承发展。他们有着丰富的剧目积累，诸多看家戏，如《马匹卜换妻》《甘国宝假不第》《穆桂英闯白虎堂》等广受群众欢迎。振兴戏曲艺术，应从娃娃抓起。2017 年 3 月，在政府支持下，张乾胜将平讲戏带进校园，先后在屏南二中、漈头小学培养出 40 多名学生。

2017 年 6 月，在当地文化主管部门的扶持下，张乾胜邀来著名戏曲导演李幼斌携优秀青年导演窦龙人、著名编剧饶晓、著名戏曲作曲家邱开安，根据屏南戍台名将甘国宝传说故事，编创大型廉政历史题材剧目《陋规案》。经过数月精心编排，老中青三代艺人同台献艺，张乾胜武馆中的学生也来客串跑龙套。当年 11 月 20 日，《陋规案》在屏南县文体中心首映，现场掌声雷鸣。此后，《陋规案》参加了“魅力闽东戏曲展”，并到屏南古厦社区、长坋社区开展惠民演出，好评如潮。2018 年 12 月《陋规案》赴福州大戏院，参加第七届福建艺术节暨第二十七届全省戏剧会演，一举夺得剧目、编剧、导演和音乐四个三等奖，另有两个艺人分获表演二等奖与三等奖。

此番创作，他们以自信稳健之姿立足于地域剧种、挖掘地域人文历史资源，以地方剧种讲好地方故事，借古喻今，赋予剧目当代价值。该剧以其风趣的屏南本土方言、接地气的流行词汇和绝妙传神的表演，激浊扬清、弘扬正气，把时代精神深刻融入创作格局之中，博得观众的掌声，促进剧种传承发展，取得了骄人的成绩，做出了有益的尝试，也带给我们关于当下地方小剧种传承发展的一些经验与诸多思考。

中华优秀传统文化是中华民族的精神命脉，是涵养社会主义核心价值观的重要源泉，也是我们在世界文化激荡中站稳脚跟的坚实根基。在当下，借助政策东风，创作出思想精深、艺术精湛、制作精良的好剧目仍是戏曲艺术的振兴之本。另外，面对多元文化的冲击和媒介变革的影响，探索新的传播途径，扩大传播新空间和当下受众群体，引入“互联网＋戏曲”思维模式，激活“云课堂”“云剧场”等多种新媒体传播机制，多渠道、多形式、多载体推动戏曲的传承与传播，去赢得更多人的了解与热爱，也是发展戏曲艺术应顺势而为的重要举措。

浅议屏南平讲戏《陋规案》的创作特色

■ 陈小珏（曾于广东韶关学院文学与传媒学院任讲师，现为湖北大学文学院博士生）

屏南平讲戏《陋规案》是由著名戏曲导演李幼斌携优秀青年导演窦龙人执导、优秀青年编剧饶晓编剧、屏南县漈头平讲戏传习所演出的新编历史故事剧。该剧以福建历史文化名人、被誉为“闽东之光”的清代戍台名将甘国宝为人物原型，讲述了甘国宝在任职福建水师提督期间，力除陋规，严治腐败的历史故事。《陋规案》创作排演于2017年，2018年参加福建省第二十七届戏曲节，斩获导演奖、编剧奖、音乐奖、优秀表演奖等诸多奖项，使沉寂已久的福建地方小剧种——屏南平讲戏再度成为社会关注的焦点。可以说，屏南平讲戏《陋规案》的成功，离不开它独具匠心的创作特色。

一、历史真实与艺术虚构的契合

中国传统文化素有重史的特征。自古以来，历史故事剧不仅备受民众青睐，更是他们洞察人生哲学的重要方式之一。屏南平讲戏《陋规案》以史为据，从闽东地区闻名遐迩的历史人物入手，为我们塑造了一个生动可感的甘国宝形象。

据史载，甘国宝为福建古田县二十六都人（今屏南县小梨洋村人）。康熙四十八年（1709年）出生。他不但文采书画俱佳，而且武艺超群，深受乾隆皇帝的赏识和器重，曾任侍卫内大臣、湖广洞庭水师副将、闽粤南澳镇总兵、台湾总兵、福建水师提督、广东提督等职务。作为一名武将，甘国宝不仅关心国防军务，还关注民生，受到民众的爱戴。[1]乾隆三十二年（1767年），甘国宝升任广东提督，离台到广东赴任之日，在蔡新的《甘国宝行状》中提到，台湾百姓“群致万民衣、伞，父老有操舟送至鹿耳门而不忍去者”。他职业生涯唯一的“滑铁卢”，是任福建水师提督时的厦门陋规案。也因此案，甘国宝成为清代历史中颇有争议的人物。编剧以敏锐的创作嗅觉捕捉到这一点，围绕这一争议和矛盾，演绎出一系列的故事。

因此，屏南平讲戏《陋规案》中的甘国宝，是在立足史实大框架的基础上，为突出人物“居官廉慎”的特点，进行了戏剧化的艺术处理。在设置戏剧冲突方面，编剧虚构了两次意义重大的选择。第一次选择在剧目的第三场，廖雪娇（甘国宝之妻）不远万里携来甘父的家书，甘国宝得知家父重病卧床，对自己久未归家看望父亲心生愧疚，更为父亲的病情担忧不已。在面临归家看望父亲和留守福建整顿军务两个选择上，甘国宝是“国事家事两挂忧”，而促使他最终优先选择国事的则是家书中甘父的教导：“莫以父为念，珍重名与身。勿使浮云遮，不负骨铮铮。”历史中的甘父是否如此，我们不得而知。但此处虚构的剧情，烘托出良好家风对人物性格的影响，以及甘国宝一心为公的高尚品格，更为剧情的后续发展埋下情感铺垫。第二次选择在剧目第五场的公堂审案，甘国宝将陋规案的主谋董七绳之以法后，经过深入探查案情，才发现洋行采办的贪腐行为由来已久，不仅牵涉前后任职的官员数名，连自己也落入圈套之中。如若彻查此案，不仅自己官位不保，还势必掀起宦海巨浪。甘国宝再次面临更为复杂的选择，剧中设计了多个唱段来表现甘国宝内心激烈的情绪，将剧情发展逐渐推向高潮。最终，甘国宝认识到：“有道是人人治人国必乱，人人守法国必安。亡羊补牢终不晚，悬崖勒马犹能还。拼将身名一处断，不让陋规再后传。”

因此，他排除众议，遵从内心的声音，选择了如实上报案件，坦然接受了朝廷的降职处分。在《屏南文史资料》中有记载[2]，彻查厦门陋规案之时，甘国宝还在老家丁父忧，主犯官员是闽浙总督杨廷璋。但甘国宝任福建水师提督，驻节厦门，有知情不报之失，因此受到降职处分。剧目中他是主动为之而降职，史料中则是被动牵连受处分。从被动到主动的改写，编剧通过营造强烈的戏剧冲突，凸显出甘国宝人性光辉的一面。历史中的甘国宝以显赫的军功而著名，历史故事剧《陋规案》中的甘国宝，则是以“居官廉慎”而令人心生敬仰。

屏南平讲戏《陋规案》的剧本虽未完全遵照历史真实，却遵从了历史人物甘国宝的性格特点：公正廉明、光明磊落。因此在对部分史实进行艺术虚构时，并未产生违和感，因为它遵循了人物性格的走向，体现了人物情感的真实性和丰富性，实现了“在‘命运的必然性’和‘时间的逻辑’上同构而契合”[3]，从而达到历史真实与艺术虚构的和谐统一。

二、传统性与现代性的融合

作为一部历史故事剧，《陋规案》中自然少不了传统戏曲艺术的表演。该剧行当齐全，囊括了生行、旦行、丑行内的诸多角色。例如董七的仆人甲、乙便是典型的丑角形象，他们负责交代剧情，插科打诨，保留了传统表演艺术中丑角的戏谑功用；歌妓林秀秀则为正旦形象，她品行高洁、举止端庄，象征着正旦所代表的女性正面形象。这些都体现了传统的戏曲行当表演的一面。但同为生行，编导在设计处理上虽兼顾了行当特征，却更多是从人物形象的塑造出发。因此，不同于董七较为脸谱化的生行形象，甘国宝的形象中有肃穆的一面，也有温情的一面。第三场戏中，甘国宝决定乔装打扮暗访洋行，他为了假扮商贾妇人（甘夫人廖雪娇假扮）的仆人，不仅给自己取名叫“阿虎”，还认真学习仆人走路的样子，他言道：“夫人走在前，下官跟在后，夫人走，下官走，夫人停，下官停。不紧、不慢、左右刚好。伞由下官打，腰要躬、手要稳，不高不低，就是这样走。”

在演员精彩的表演中，甘国宝不再是正襟危坐的朝廷官员，而是憨态可掬的丈夫形象。这种立体化、丰富化的人物塑造模式，显然更符合现代人的审美期待。

同时，屏南平讲戏作为闽东方言区最具影响力的地方高腔剧种，它和弋阳腔有着相同的演唱特点，多采用徒歌与帮唱结合的方式，即“一人成声而众人相和”。《陋规案》的演出中，甘国宝的诸多唱段便运用了这种一人唱、众人和的模式。而以闽东方言来道白演唱，又使该剧保留了浓郁的剧种特色。在此基础上，《陋规案》在唱词道白中还巧妙地加入了许多现代词汇，诸如“秘密武器”“山寨”“取个艺名”等，使观众在熟悉的乡音乡情中，还能回归当下的现实生活，达到情感与思想的共鸣。

此外，纵观戏曲史，我们会发现传统剧目的“清官戏”中不乏反腐题材的故事，《陋规案》沿用了传统剧目中清官反腐的故事框架，但在紧扣反腐倡廉主题时，并没有进行刻板化的处理，而是深入剧情和人物性格，以现实主义笔法描绘复杂的人性欲望，从而烘托出反腐过程的艰难，以及反腐所需的巨大勇气和决心，可以说具有深刻的思想意蕴。因此，剧本的结尾部分一改传统戏的圆满结局，以甘国宝降职调任云南离开福建之时，仅有林老板和歌妓王秀秀两人送行的冷清场面剧终，与序幕部分台湾数万民众的送行场面形成强烈对比。而在王秀秀的送行曲之中，我们也分明能感受到反腐虽不易，但公道自在民心。这种创作构思，是非常具有现代性和写实性的。郑传寅在评价新时期以来的戏曲文学创作中曾提到：“这些剧目既有积极向上的思想指向，又不是简单地配合现实，热衷于‘应时’，而是力图通过表层的生活现象，探求其底蕴，让观众领会更深远的旨趣。”[4]创作于新世纪的屏南平讲戏《陋规案》，显然也做到了这一点。

三、小结

清人李渔在《闲情偶寄》中提到：“世道迁移，人心非旧，当日有当日之情态，今日有今日之情态。”[5]取材于二百多年前的历史故事的《陋规案》，能在当今社会中重绽新颜，同样归功于剧目被赋予的“今日之情态”。它以今人的戏剧观念、今人的情感期待为审美标准，重塑了一个生动可感的甘国宝形象，重构了一段发人深省的反腐倡廉题材故事剧。同时，我们还应看到，这种今日之情态的呈现又不是完全与传统艺术割裂的，而是建立在熟悉和掌握传统戏曲艺术的叙述方式、表演模式等的基础之上，进行现代化的创新融合。事实证明，这种“推陈出新”式的创作模式，是值得借鉴和推广的。

注释

[1] 资料参见宁德市政协文史委编《闽东历史名人》，福建人民出版社，2006，第 145 页。

[2] 资料参见宁德市政协文史委编《闽东历史名人》，福建人民出版社，2006，第 147 页。

[3] 胡应明：《再谈历史真实与艺术真实》，《戏曲研究》2010 年第 2 期，第 62 页。

[4] 郑传寅：《新时期戏曲文学创作的成就与缺失》，《北京大学学报》1999 年第 1 期，第 67 页。

[5]〔清〕李渔：《闲情偶寄》，郁娇校注，江苏凤凰文艺出版社，2019，第 72 页。

古老屏南平讲戏的现代光芒
——廉政题材新编历史剧《陋规案》

■ 孙红侠（中国艺术研究院，研究员，博士生导师）

“戏曲现代化”是中国式现代化建设在文化艺术领域的重要组成部分，更是贯穿于20世纪和21世纪以来民间戏曲理论与实践的伟大进程。在传统戏曲持续走向现代化进程的过程中，民间戏曲的发展一直深受重视，但是由于地区文化建设与发展水平之间存在的差异，各个民间戏曲进入全国视野的程度不同，现代化的程度也千差万别。这些纯正的民间艺术，留存着祖先宝贵的旋律和声音，凝结着代代乡情，不仅是重要的非物质文化遗产，更是地域文化的珍贵载体。

屏南平讲戏，正是这样一种民间的声音与旋律。这个形成于明末清初屏南，在流传于福建宁德、福州等地区的“四平腔”、演唱和念白都使用福州官话的基础上形成与发展的民间戏曲形态，是福建独特的民间艺术形式。这种板腔体的古老戏曲形态，声腔演唱上具有着一人主唱、众人帮和的传统戏曲表演特点，身段与表演上具有着“丁字步”“贴步”“八字步”“倒头步”等相沿成习的特点，也有“赶路”“进门”等固定的程式。同时，这种古老的表演形态在屏南、宁德、福州以及下属的农村地区和民间祭祀活动、民间宗教结合紧密。屏南县位于福建东部古田溪上游，廊桥众多，内供神灵，祭祀活动繁盛，民间信仰之中儒释道三教合一，戏曲演出在乡土社会和民间信仰中具有非常重要的影响力和作用。

平讲戏这样一种古老而独特的民间戏曲形态，要由民间的状态进入城市的剧场，甚至走向全国视野和国际舞台，就要在内容和形式两个方面都有跨越和发展的契机。新创剧目，正是这样一种“出人、出戏、出效益”的有效举措，只有有了有影响力的舞台作品，民间戏曲才能逐渐转化为具有现代思想价值，又具有地方文化特色的独特的舞台艺术形式。廉政题材的新编历史剧《陋规案》正是这样一部能在屏南平讲戏剧种发展进程中起到重要作用、具有重要影响力的舞台作品。

《陋规案》的题材选择有鲜明的地域文化意识，体现了地方文化建设中“以文塑旅、以旅彰文”的用意，体现出以屏南平讲戏舞台作品的形式彰显地方文化特色的创作意图。甘国宝（1709—1776年），福建省宁德县甘棠乡小梨洋村人，雍正年武举出身，后官至福建水师提督、雷州总兵、广东提督等职，两次为台湾镇挂印总兵，为清代戍边守台名将。作为封建王朝的人臣，甘国宝为孤悬海外的台湾岛的治理尽忠职守、兢兢业业、恪尽职守、守土有方，为地方安定与国家统一做出了贡献。《陋规案》的创作正是取材于这位一代名将的真实人生故事，剧作以严肃历史剧创作的精神为主旨，大事不虚、小事不拘，以前后四场戏，也正是起承转合的传统结构方式讲述了他破除清代官场索贿陋规的一件“小”事，树立了一个“俯仰不把天地愧”的廉吏、能吏的舞台形象。这个轻灵精巧的作品，不仅让更多的人知道和了解到了屏南文化，更因廉洁主题而具有当代价值和警示意义、教育作用，是以舞台艺术的方式对地方文化历史资源的一次激活和转化。作为青年剧作家的本剧编剧饶晓，是当下戏曲编剧中的佼佼者，有过丰富的创作经验，有《李陵碑》《弹铗记》等新编历史剧作品，也有《林祥谦》《人间义》《黎明》等新编现代戏作品。《陋规案》是她2019年获得福建省第二十七届戏剧会演编剧奖的作品，结构精巧、线索清晰，最难得的是这部作品以切合历史人物身份的讲述方式完成历史故事的再呈现，是同类题材创作中不可多得的精品之作。

从舞台呈现上来看，屏南县漈头平讲戏传习所以齐全的行当与表演、不失传统而又兼具现代感受的声腔设计、精美而恰当的舞台设计使屏南平讲戏这一古老的民间艺术形式在当代的舞台上焕发出了新的光彩，在讲述甘国宝廉洁故事的同时，也赋予了文本以新的表达方式和效果，使平讲戏呈现出古朴厚重的传统色彩，传达了剧种的独特韵味。

总之，屏南县漈头平讲戏传习所出品的廉政题材屏南平讲戏新编历史剧《陋规案》是一部充分发挥了地方历史与文化资源的佳作，更是“小”戏不“小”，弘扬了中华优秀传统文化。

从地方文化建设与文旅融合的角度来看，《陋规案》更是一部助力文旅融合的佳作。这部戏的创作，让屏南文化走进全国视野，以舞台艺术的方式向更多的观众呈现了平讲戏这样一种古老的民间戏曲形态，同时又以具有时代审美价值的艺术表现力证明了古老的民间艺术与文化遗产在当代的魅力与生命力，更为福建屏南打出了亮丽的文化名片。在文化传承之旅与地方文脉延续的建设工作中，我们希望看到更多像《陋规案》这样的佳作，为乡村文化留下记忆，为福建民众留住乡情。

《陋规案》参加第七届福建省艺术节暨第二十七届戏剧会演剧组成员分类简介

《陋规案》主要创作人员简介

饶　晓

编剧

饶晓，女，毕业于中国戏曲学院戏文系，文学学士，艺术硕士。现任湖北省戏曲艺术剧院编剧。中国戏剧家协会会员，中国戏剧文学学会会员，文化和旅游部戏曲艺术人才培养“千人计划”第三期编剧班学员。编剧的平讲戏《陋规案》剧目参加“第七届福建艺术节暨第二十七届戏剧会演”，获三等奖。

其他舞台剧本作品曾获第三届老舍青年戏剧文学奖，福建省第二十六届、第二十七届、第二十八届戏剧会演剧本征文二等奖等。案头之余受教于京剧荀派名家宦桂珠先生，尝习《卖水》《拾玉镯》《梅龙镇》等剧目。戏曲舞台作品有新编神话京剧《天蓬元帅》、新编现代京剧《林祥谦》、新编现代汉剧《黎明》、新编历史京剧《新虹霓关》、多剧种小剧场实验戏曲《故人心》、现代小剧场汉剧《人间义》、当代小剧场楚剧《将》等。

窦龙人

导演

窦龙人，男，中共党员，中国戏曲导演学会会员，毕业于中国戏曲学院京昆表演专业，现任闽江师范高等专科学校艺术学院（福州市艺术学校）戏曲教师、导演。导演的平讲戏《陋规案》剧目参加“第七届福建艺术节暨第二十七届戏剧会演”，获导演三等奖、剧目三等奖。

曾参加中国戏曲学院戏曲导演研修班、国家艺术基金“李盛藻京剧剧目表演人才”研修班；曾荣获福建省第八届中青年演员比赛金奖、福建省第八届艺术节导演一等奖、福建省第七届艺术节导演三等奖；福建省第十五届水仙花戏剧比赛优秀辅导教师奖、全国戏曲技能大赛指导教师奖；福建省戏曲技能大赛指导教师奖；执导大型闽剧剧目《青春祭》《一文钱》《杜鹃山》《陈旸曲》等；其中《青春祭》获福建省第八届艺术节剧目一等奖。

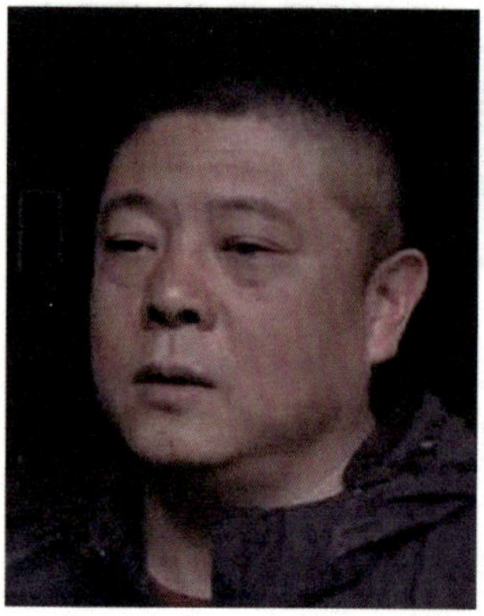

张乾胜

执行

张乾胜，男，1972年9月出生于屏南县棠口镇漈头村。屏南县第十一届政协委员。2016年重新组建屏南县漈头平讲戏剧团，担任剧团团长。《陋规案》剧目参加“第七届福建艺术节暨第二十七届戏剧会演”为具体执行人，获得剧目三等奖。

张乾胜在父亲宁德市市级非物质文化遗产传承人张尊盟的耳濡目染下，对屏南平讲戏有浓厚的兴趣。2016年漈头平讲戏剧团面临青黄不接的局面，在当时屏南县文体新局局长苏旭东的动员下，毅然接手漈头平讲戏剧团这个摊子，积极筹备演出地点、服装、道具，联络散布各地的平讲戏演出人员，向上级争取演出经费。陆续排演了《桐油炒粉干》《甘国宝假不第》《马匹卜驳妻》等平讲戏传统剧目，并在屏南各地开展惠民演出。

根据发展的需要，还成立了屏南县漈头平讲戏传习所，组织申报各级非遗传承人，在双溪二中、漈头小学、棠口小学、光华小学等学校开展非遗进校园活动，多次组织漈头平讲戏剧团参加省、市、县各级部门组织的汇报演出活动，获得广泛的好评。

邱开安

音乐创作

邱开安，男，连江县马鼻村人。原罗源县闽剧团业务团长，《陋规案》剧目参加“第七届福建艺术节暨第二十七届戏剧会演”的音乐设计。

邱开安从8岁开始跟着父亲学琴，14岁时考入连江县第一中学，是学校乐队八把胡琴中的主奏。凭着出色的演奏才华，他被连江县闽剧团破格录取，专职演奏二胡。20世纪六七十年代，连江县闽剧团停止演出。他背着二胡，搭火车去北京、上海，一路上遇到各地的文艺队，演奏技巧逐渐融合了各地的特色。他还跟随省歌舞团、杂技团的演奏师傅学习，其中来自省歌剧院的陈戈老师改进了邱开安左手按弦指法，并教会他笛子、扬琴等乐器。这一时期，邱开安开始学习作曲。

1978年之后，古装戏重回舞台，学艺初成的邱开安迎来了崭露头角的机会。其设计的闽剧《橄榄记》音乐获福州市第十八届戏曲会演优秀音乐设计奖，闽剧《义乞传奇》音乐获福州市第十九届戏剧会演暨整理闽剧传统保留剧目展演音乐奖。

2002—2003年，他连续被邀请至台湾马祖参加“两马”经济文化交流会，创作的闽剧小品《花颂马祖庆元宵》在当地引起巨大反响。2015年赴美国纽约林肯国际剧场进行闽剧排练指导。

《陋规案》主要演出人员简介

张贤楼

张贤楼（1936—2021 年），男，1952 年师从张荣意学习平讲戏表演，工丑角，屏南县漈头平讲戏第九代传承人，原屏南县闽剧团团长。担任《陋规案》剧目参加“第七届福建艺术节暨第二十七届戏剧会演”时的剧目指导，并饰演赵参将。

15 岁登台演出，1956 年到屏南县专业闽剧团工作。2006 年“中国四平戏（高腔）学术研讨会”在屏南召开。张贤楼等人将漈头村的平讲戏老艺人、闽剧团退休艺人召集起来，重新组建漈头平讲戏剧团，开始排演平讲戏。在向屏南县有关部门申请参加研讨会的同时，请求屏南县宣传部帮助解决服装、道具等问题，为屏南平讲戏申报国家级非物质文化遗产项目做出了贡献。

2010 年 6 月被评为福建省非物质文化遗产项目屏南平讲戏代表性传承人。2008 年和 2016 年由宣传部组团分别赴马来西亚、中国台湾交流演出，获得当地华人华侨一致好评。

1987 年 5 月被批准为中国戏曲家协会福建分会会员，1987 年被核准三级演员专业技术职称。1979 年开始传艺授徒，1993 年被屏南职中文艺班聘请为特级教师，还在屏南二中、漈头小学等学校开展屏南平讲戏非遗传承，至今传授弟子有二十八人。

赵参将——张贤楼 饰

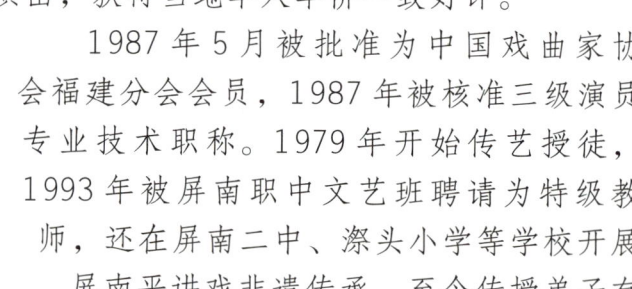

张尊盟

张尊盟，男，1938 年 3 月出生于屏南县漈头村，1952 年师从张荣意学习平讲戏表演，工生角。1984 年被任命为屏南县闽剧团团长。担任《陋规案》剧目参加“第七届福建艺术节暨第二十七届戏剧会演”时的剧目指导，并饰演钱守备。

1956 年到屏南县专业闽剧团工作，2006 年为屏南平讲戏申报国家级非物质文化遗产项目做出贡献。2008 年和 2016 年由宣传部组团分别赴马来西亚、中国台湾交流演出，获得当地华人华侨一致好评。

1987 年 5 月被批准为中国戏曲家协会福建分会会员，1987 年被核准三级演员专业技术职称，2017 年 8 月被评为宁德市市级非物质文化遗产项目屏南平讲戏代表性传承人，2019 年获得屏南县文化传承人称号。

1979 年开始传艺授徒，1993 年被屏南职中文艺班聘请为特级教师，还在屏南二中、漈头小学等学校开展屏南平讲戏非遗传承，至今传授弟子有三十几人。

代表作有：《总兵恨》《包公误判狄龙》《水冰心三戏过其祖》《北汉春秋》《武则天下法场》《麒麟图》《包龙图》《丹桂图》《穆柯案》《白毛女》《智取威虎山》《奇袭白虎团》《沙家浜》《红灯记》《杜鹃山》《焦裕禄》《马匹卜换妻》《鸳鸯玉佩》等。

钱守备——张尊盟 饰

林兰青

林兰青，女，1966年10月出生于屏南县新桥村，2017年加入屏南县漈头平讲戏传习所，师承屏南平讲戏非物质文化遗产代表性传承人张尊盟，工小生。《陋规案》剧目参加“第七届福建艺术节暨第二十七届戏剧会演”时饰演甘国宝，获得个人表演二等奖。

1982年参加屏南县闽剧团任专职演员，在《包公告状》《麒麟图》《哑女告状》《月痕扇影》等闽剧中饰演小生。1996年后，参加福清、长乐等地的民间剧团，在节庆、谢戏等的活动中演出闽剧，饰小生。

2019年被屏南县人民政府公布为“屏南平讲戏非物质文化遗产传承人”。

近年来，参加屏南平讲戏《马匹卜驳妻》演出，饰演马匹卜。2017年起参加非遗进校园活动，分别在屏南二中和漈头小学进行教学表演。还多次参加屏南县非物质文化遗产宣传展演活动。

甘国宝——林兰青 饰

李桂坤

李桂坤，女，1973年8月出生于霞浦县沙江镇涵江村，2006年加入屏南县漈头平讲戏剧团，师从屏南平讲戏国家级代表性传承人张贤读学习平讲戏，工旦角。《陋规案》剧目参加“第七届福建艺术节暨第二十七届戏剧会演”时饰演廖雪娇，获得个人表演三等奖。

1988年屏南县闽剧团在霞浦演出时，开始拜师屏南县闽剧团导演张贤读，专学旦门技艺。初始导演只安排试演丫环，待演技纯熟后才饰演主角，通过几年的刻苦磨练和导演的诚心传艺，演出艺术日臻成熟。

2006年与屏南漈头平讲戏剧团全团演职员一起参加“中国四平腔学术研讨会”献演节目。2008年和2016年分别参加由屏南县宣传部组织的赴马来西亚和中国台湾的屏南平讲戏汇报演出，受到当地华人华侨热烈欢迎。2019年被屏南县人民政府公布为“屏南平讲戏非物质文化遗产传承人”。

2017年起参加非遗进校园活动，分别在屏南二中和漈头小学进行教学表演及非物质文化遗产传承活动。还多次参加屏南县非物质文化遗产宣传展演活动。

廖雪娇——李桂坤 饰

张惠琴

张惠琴，女，1976年5月出生于屏南县熙岭村，2019年加入屏南县漈头平讲戏传习所。担任《陋规案》剧目参加“第七届福建艺术节暨第二十七届戏剧会演”时的服装道具、舞台后景设计，并饰演王秀秀。

1989年9月至1994年7月就读于屏南县职业高中文艺班（其中1992年至1994年实习于南平市闽剧团），师从京剧名家杨婉华、闽剧导演王让梨等学习闽剧表演。1994年9月至1996年7月进入省艺术学校进修表演、导演和舞台灯光艺术等，成为一个全面的闽剧表演艺术家。

1997年受聘于福清市闽剧团，表演青衣、武旦。1998年成立民营剧团并担任团长兼导演及前台演员。2002年和2005年分别参加福建省第四届、第五届中青年演员比赛。

2019年被屏南县人民政府公布为“屏南平讲戏非物质文化遗产传承人”。

王秀秀——张惠琴 饰

2017年起参加非遗进校园活动，分别在屏南二中、漈头小学、棠口小学等学校进行教学表演及非物质文化遗产传承活动。还多次参加屏南县非物质文化遗产宣传展演活动。

杨林仪

杨林仪，男，1981 年 12 月出生于屏南县长桥远丘村，2017 年加入屏南漈头平讲戏传习所，师承屏南平讲戏市级非物质文化遗产代表性传承人张尊盟，工反角生。《陋规案》剧目参加“第七届福建艺术节暨第二十七届戏剧会演”时饰反派人物董七。

参加屏南漈头平讲戏传习所之前主要在福州市的福清、长乐等地的民间剧团工作，在节庆、谢戏等的活动中演出闽剧。在闽剧《泥马渡康王》《薛平贵》等剧目中饰演反角生。

2019 年参加屏南平讲戏非遗进校园活动、非遗巡回展演等活动。还多次参加屏南县非物质文化遗产宣传展演活动。

董七——杨林仪 饰

吴盛花

吴盛花，女，1977 年 12 月出生于屏南县南湾村，2017 年加入屏南县漈头平讲戏传习所，师承屏南平讲戏非物质文化遗产代表性传承人张尊盟，工小生。《陋规案》剧目参加“第七届福建艺术节暨第二十七届戏剧会演”时饰演林老板。

1993 年参加南湾村闽剧团，参加《风雨奇缘》《灯马开花》《洪飞斩子》等闽剧的演出。还参加民间剧团，在屏南及周边乡村的节庆日上演出闽剧。

近年来，参加屏南平讲戏演出，在《马匹卜驳妻》中饰演冯四上，《桐油炒粉干》中饰演县官，《甘国宝假不第》中饰演甘国宝。2017 年起参加非遗进校园活动，在双溪二中进行教学表演。还多次参加屏南县非物质文化遗产宣传展演活动。

林老板——吴盛花 饰

陈黄峰

陈黄峰，男，1966 年 8 月出生于屏南县古厦社区，师从省级非物质文化遗产传承人张贤楼学习平讲戏表演，工丑角。《陋规案》剧目参加“第七届福建艺术节暨第二十七届戏剧会演”时饰演孙千总。

2017 年被宁德市人民政府公布为“第五批非物质文化遗产代表性传承人”。

1981 年至 1984 年屏南艺校学习戏曲专业表演。1984 年至 2006 年在屏南县闽剧团任专职演员，还师从屏南戏曲艺人王让梨、何榕煌学艺。1986 年参加全省戏曲演员培训班专职学习。2006 年起参加屏南县漈头平讲戏传习所开展的非物质文化遗产保护传承工作。

1989 年被屏南县职业中专学校文艺班聘任为地方戏特聘武功教师，为屏南地方戏培养学生四十多人。在屏南旅游演艺《遇见屏南》中扮演戍台名将甘国宝。还积极参加平讲戏进校园、进社区活动，多次参加省、市、县各级部门组织的汇报演出活动。

孙千总——陈黄峰 饰

吴沁源

吴沁源，男，1999年12月出生于屏南县双溪社区，2016年加入屏南县漈头平讲戏传习所，师从屏南平讲戏省级非物质文化遗产代表性传承人张贤楼学习平讲戏，工丑角。《陋规案》剧目参加“第七届福建艺术节暨第二十七届戏剧会演”时饰演李把总。

高中时期组建了“屏南二中平讲戏社团”，任社长，第一批招募23名社团学员学习平讲戏。2019年参加“‘戊辰花开九十载’屏南县第二中学九十周年校庆文艺汇演”。参加屏南县大型民俗音画长卷《遇见屏南》演出，饰演了“甘国宝”“书生”“县令”等平讲戏代表性角色。还多次参加屏南县非物质文化遗产宣传展演活动。

2022年被屏南县人民政府公布为“屏南平讲戏非物质文化遗产传承人”。

2019年入伍后，将地方戏曲带入军营。在部队多次组织战友在节日期间演出平讲戏经典剧目《马匹卜驳妻》选段。受到了部队领导和战友的一致好评。

李把总——吴沁源 饰

张贤菊

张贤菊，女，1977年11月出生于福建省屏南县，2006年加入屏南县漈头平讲戏剧团。师从屏南平讲戏省级非物质文化遗产代表性传承人张贤楼学习平讲戏。《陋规案》剧目参加“第七届福建艺术节暨第二十七届戏剧会演”时饰演林旺、陈妈。

2008年和2016年分别参加由屏南县宣传部组织的赴马来西亚和中国台湾的屏南平讲戏汇报演出，受到当地华人华侨热烈欢迎。2017年起参加非遗进校园活动，分别在屏南二中和漈头小学进行教学表演及非物质文化遗产传承活动。还多次参加屏南县非物质文化遗产宣传展演活动。

2008年11月被宁德市人民政府公布为“非物质文化遗产代表性传承人”。2019年1月入选第一批宁德市乡土人才（文化传承人）。

个人主要作品有：《马匹卜换妻》中的貌玉莲、《甘国宝假不第》中的王莲莲、《桐油煮粉干》中的伍氏，及《陋规案》中的林旺、陈妈等。

陈妈——张贤菊 饰

张传碧

张传碧，女，1971 年 5 月出生于屏南县岭下乡溪尾村，2017 年加入屏南县漈头平讲戏传习所，师从屏南平讲戏省级代表性传承人张贤楼学习平讲戏，工丑角。《陋规案》剧目参加“第七届福建艺术节暨第二十七届戏剧会演”时饰演仆人甲。

1986 参加民间闽剧团，拜师学老旦、丑角，20 岁登台演出。每年春节、传统民间信仰神诞日及节假日到全省各地演出闽剧。

近年来，参加屏南平讲戏演出，在《桐油炒粉干》中饰演公差，在《马匹卜驳妻》中饰演马匹卜、店家等。2017 年起参加非遗进校园活动，在棠口小学、光华小学进行教学表演。还多次参加屏南县非物质文化遗产宣传展演活动。

仆人甲——张传碧 饰

吴维桂

吴维桂，女，1975 年 11 月出生于屏南县南湾村，2017 年加入屏南县漈头平讲戏传习所，师从屏南平讲戏省级非物质文化遗产代表性传承人张贤楼学习平讲戏，工丑角。《陋规案》剧目参加“第七届福建艺术节暨第二十七届戏剧会演”时饰演仆人乙。

1993 年参加南湾村闽剧团，参加《风雨奇缘》《灯马开花》《洪飞斩子》等闽剧的演出。还参加民间剧团，在屏南及周边乡村的节庆日演出闽剧。

近年来，参加屏南平讲戏演出，在《马匹卜驳妻》中饰演店家，《桐油炒粉干》中饰演公差，《甘国宝假不第》中饰演王成。2017 年起参加非遗进校园活动，在棠口小学进行教学表演。还多次参加屏南县非物质文化遗产宣传展演活动。

仆人乙——吴维桂 饰

郑家钗

郑家钗，女，1976年9月出生于屏南县厦地村，2017年加入屏南县漈头平讲戏传习所，师从屏南平讲戏非物质文化遗产代表性传承人张尊盟学习平讲戏，工花旦。《陋规案》剧目参加“第七届福建艺术节暨第二十七届戏剧会演”时饰演梅英。

1995年参加屏南县厦地闽剧团，参加《水晶八角牌》《卖花女》《鱼毛女》等闽剧的演出。还参加民间剧团，在屏南及周边乡村的节庆日演出闽剧。

近年来，参加屏南平讲戏演出，在《桐油炒粉干》中饰演阿生，《甘国宝假不第》中饰演陈妈，在《马匹卜驳妻》等平讲戏剧目中参与后台帮腔。2017年起参加非遗进校园活动，在双溪二中进行教学表演。还多次参加屏南县非物质文化遗产宣传展演活动。

梅英——郑家钗 饰

《陋规案》主要后台人员简介

张书馨

司鼓

张书馨，男，1971 年 9 月出生于屏南县棠口镇漈头村，2006 年加入屏南县漈头平讲戏剧团，父亲张贤读是国家级非物质文化遗产屏南平讲戏传承人。《陋规案》剧目参加“第七届福建艺术节暨第二十七届戏剧会演”中任司鼓。

九岁即跟随父亲学艺，初学大锣，后转学司鼓，由于受到家乡戏剧和家庭环境的影响，从小就对戏剧感兴趣，学艺过程也特别认真。1987 至 1989 年在霞浦专业剧团进一步学艺，在司鼓方面的基本功有大幅度提高，成为合格的司鼓师傅，曾受聘于多个剧团。2017 年被屏南县人民政府公布为“屏南平讲戏非物质文化遗产传承人”。

2006 年与屏南漈头平讲戏剧团全团演职员一起参加“中国四平腔学术研讨会”献演节目，获得一致好评。2008 年和 2016 年分别参加由屏南县宣传部组织的赴马来西亚和中国台湾的屏南平讲戏汇报演出，受到当地华人华侨热烈欢迎。多次参加屏南县非物质文化遗产宣传展演活动。

张福清

下把/笛子

张福清，男，1968年4月出生于屏南县棠口乡小章村，师从屏南闽剧团主胡张书典。《陋规案》剧目参加“第七届福建艺术节暨第二十七届戏剧会演”时任后台下把、笛子演奏。

1989年参加民间闽剧团，主要从事闽剧主胡、二胡，还参与二胡、笛子、唢呐等各种民族乐器表演。2008年参加由屏南县宣传部组织的赴马来西亚的屏南平讲戏汇报演出，受到当地华人华侨热烈欢迎。

2017年起参加非遗进校园活动，分别在屏南二中、潦头小学等学校进行教学表演。还多次参加屏南县非物质文化遗产宣传展演活动。

吴存典，男，1957年生于屏南县代溪镇北墘村，2017年加入屏南漈头平讲戏传习所。《陋规案》剧目参加“第七届福建艺术节暨第二十七届戏剧会演”时在后台音乐组中担任二胡演奏。

“文革”停学期间通过父母的支持学习二胡，1977年恢复古装戏剧时参加了民间剧团演出，而后三十多年来在闽东各县和福州地区的民间闽剧团随团演出。

2019年参加屏南平讲戏非遗进校园活动、非遗巡回展演等活动。还多次参加屏南县非物质文化遗产宣传展演活动。

吴存典

二胡

张运力

大锣

张运力，男，1975年8月出生于屏南县棠口镇漈头村，2006年加入屏南县漈头平讲戏剧团，师从原屏南县闽剧团大锣刘永康。《陋规案》剧目参加“第七届福建艺术节暨第二十七届戏剧会演”时担任大锣演奏。

1989年9月至1994年7月就读于屏南县职业高中文艺班（其中1992年至1994年实习于南平市闽剧团）。之后受聘于长乐、福清等地闽剧团参加演出，大锣技艺日益成熟。1996年代表闽清县闽剧团参加福建省第二届中青年演员比赛，获集体二等奖。2008年参加由屏南县宣传部组织的赴马来西亚的屏南平讲戏汇报演出，受到当地华人华侨热烈欢迎。

近年来，参加平讲戏《马匹卜驳妻》《桐油炒粉干》《甘国宝假不第》等剧目的演出，获得好评。2017年起参加非遗进校园活动，分别在国宝小学、黛溪小学等学校进行教学表演。还多次参加屏南县非物质文化遗产宣传展演活动。

平讲戏《陋规案》参加第七届福建省艺术节暨第二十七届戏剧会演剧照

第一场

第一场　百姓送别甘国宝

第一场 甲乙数板

第二场 秀秀出场

第二场 秀秀到甘府

第三场　四参将

第三场　甘国宝乔装打扮出衙门

第四场 衙门对甲乙

■ 第五场　公堂

■ 第五场　居官廉慎

第二部分

历史题材小说《陋规案》

苏旭东

第一章　乌　屿

乾隆二十七年四月，东海。

一艘商船趁着东南季风从南洋婆罗洲驶来。

这是一艘出海商用的横海船，也称之为老闸船的三桅帆船，船长十八丈，宽六丈八尺。船有三层，底层运货，中层运人。为防止海盗的袭扰，船上还私藏有刀、枪、弓箭等武器和碗口铳、鸟嘴铳、喷筒等火器。

商船上所有舵工、水手都是父子、兄弟或同乡、亲戚，遇敌都能合力向前，不会推诿溃散。

这艘底层满载甘蔗的商船，在既潮湿又充满海腥味的二层隔舱里住满了海上谋利的商人、急切归乡的南洋客。

四月二十五，傍晚。

南澳岛附近海域。

红霞满天，海水碧蓝，鼓满的风帆带着商船急速前行。

甲板上，水手们赤着脚，穿着犊鼻短裤在忙碌着，商旅们趁着难得的阴凉三五成群地说着话。一个壮硕的中年汉子丝毫没有受到波涛起伏的影响，稳稳当当地站在船头，静静地望着海上的余晖。

女扮男装的罗兰轻轻地走到壮汉身边，道："二叔，今晚满天红霞，明天还是一个大晴天，正是坐船的好日子。"

"是啊，这一段时间都是晴天，没到台风的季节，还是坐千料的大船，坐船是最舒服的了。我们南洋客都是选择这个时节回大陆的。"

壮汉眼里闪过一丝担忧，转头低声对罗兰说道："我们这次到福建寻找新的商路，虽然联系的是以前的老朋友，但过了这么年，人心会变，不是很有把握啊！"

接着又说："刚刚看到有几个黑旗帮的人也在船上，这帮人无恶不作，不知道又要对谁下手了。"

罗兰淡淡一笑，说："以二叔的身手，对付几个毛贼，还不是手到擒来。”

二叔把脸一板，严肃地说：“敌暗我明，这几天又要过乌屿了，乌屿暗礁很多，以前就是藏海贼的地方。小心为上。”

罗兰一听，也警惕起来：“哦，要过乌屿了。”

……

四月二十六，寅时。

在小隔舱里和衣而卧的罗兰朦朦胧胧地听到舱外铳声大作，呼喊声一片。急忙拿起身旁的分水刺，冲出隔舱。只见船舷处无数的黑衣人攀爬上来，商船上的船员拿着武器与那些黑衣人打斗，场面一片混乱。

罗兰定睛一看，二叔在船尾甲板上，手持钢刀，在身前舞起一片刀花，身边躺下三四个黑衣人，他正向侧舷的一个高瘦黑衣蒙面人逼去。

正在呼喊指挥黑衣人的高瘦黑衣蒙面人看见二叔逼来，也挺刀接战。二叔的刀法施展开来，层层叠叠，高瘦的黑衣蒙面人只接二叔的几招，就觉得刀势沉重、虎口炸裂，自知不敌。赶紧大喊：“赖特，罗二在这边。赖特，罗二在这边。”

只见一个高鼻、深目、黄发的高大洋人快步赶来。这个洋人挺着一把古怪的长剑从侧面向二叔刺去。

……

二叔是婆罗洲有名的武术高手，一套滚龙刀使得出神入化，在南洋一带罕有对手，又久经江湖，临敌经验丰富，家族对他极其信任，这次就是委托二叔到福建办事。二叔虽然艺高人胆大，但还是非常谨慎，在过乌屿的时候，二叔和同样警惕的船老大一起祭拜了船上的妈祖后，就提着大马士革钢刀在船上警戒。

天将破晓，二叔以为即将有惊无险地渡过乌屿。

突然，从乌屿的暗礁旁驶出无数的小船，后面跟着千料大船。同时，从船舱里窜出几条黑影，有的在船舷放绳梯，有的爬到桅杆上砍帆绳……

二叔和船老大一起喊醒船员，又顺手放倒几个海盗。

无奈海盗太多，大量黑衣人蜂拥而上。二叔眼观八方，发现高瘦黑衣蒙面人正是贼首，他立马放过海盗，直取蒙面贼首，擒贼先擒王。

正当二叔发力猛攻蒙面贼首的时候，眼角余光瞄到有一束剑光向他急速刺来，二叔只能舍弃了贼首，一个侧身上撩，举火烧天，钢刀迎着剑光而去。

二叔大吃一惊，钢刀挥处，无从着力，剑光点点，像泥鳅一样溜滑，只能连闪两步，侧身游斗。

兔落鹘起的几个回合，罗兰惊心动魄。罗兰看到二叔一时处于下风，赶紧拿来一把船员的鸟嘴铳，对着洋人开火。

……

范·赖特也大吃一惊。

范·赖特是一位荷兰贵族，在阿姆斯特丹长大，从小跟随名师练习击剑，身高臂长，一柄重剑在荷兰已经没有对手。范·赖特听从老师的指导，到世界各地游历，第一站就是来东方，这次是受荷兰东印度公司的委托，击败东方的武术家。心高气傲的范·赖特认为在东方应该没有一个武术家是他的对手。

今天是他到东方后的第一次出手，碰到的是一个普通的中年汉子，他的重剑三击都没有刺到对手，还有一个年轻人不时对他开火枪。

还好东方的火枪明显落后于欧洲的火枪，击发时间慢、子弹范围散、威力小。只要近身缠斗，不给火枪明确的目标，火枪对他的威胁不大。

但近身缠斗，又发挥不了他重剑突刺的特点。

赖特非常郁闷。赖特只能与二叔近身格斗，只要拉开距离，罗兰就对他开火。

二叔也非常郁闷。他是第一次遇到这种刺剑的高手，发挥不了十成的功力。

二叔、罗兰和赖特斗成一团，一时不分胜负。

……

黑旗帮海盗或攀爬，或跳帮，已经全部拥上甲板，疯狂的海盗在黑衣蒙面人的指挥下，在甲板上砍杀、四处放火、突入船舱……

船员和部分旅客也在船老大的大声呼喊中合力向前。他们同仇敌忾、奋勇拼杀，他们还害怕海盗血洗商船，杀光商船上的人，他们只能拼死抵抗。

奈何黑旗帮海盗人数众多，又都是嗜血之辈。船员和旅客完全不是黑旗帮海盗的对手，节节败退。

一时间，商船上火光四起，惨叫声此起彼伏，血腥味飘散四方。

眼看一场船毁人亡的海上惨案就要发生。

突然，远处传来激烈的炮声。

晨晖中，几艘悬挂黑底青龙旗的大船急驶而来，船舷侧闪起朵朵的炮光。

第二章　伏波

乾隆二十七年四月二十，清晨。

厦门大担岛，福建水师军港。

福建水师左营舰队在旗舰伏波号的带领下，缓缓地从大担军港驶出。他们正在与福建水师右营的巡海舰队换防巡哨。

福建水师的巡海舰队一般配有：一艘楼船，长三十七丈，宽一十五丈，两侧各配十二门大炮，五桅帆；三艘战船，长一十八丈，宽六丈八尺，两侧各配六门大炮，三桅帆；一艘粮船，长一十八丈，宽六丈八尺，三桅帆；三艘鸟船；数艘快船。

福建水师的舰船都是采用福船建造技艺建造的木帆船，使用了撑条式硬帆、披水板、平衡舵、开孔舵、水密隔舱和龙骨等技术。这些木帆船艏尖艉宽两头上翘吃水深，两舷外拱有护板抗冲击；尖底设龙骨，坚固船只、加深吃水、抵抗风浪、防止侧移；船体高大甲板宽平，上层作战，居高临下；双舵设计操纵性好。

福船是宋、元时期海上贸易和明代郑和下西洋主要使用的船只，以福船为代表的中国造船技术在明朝之前领先于全世界。明末清初，欧洲人大力拓展海上贸易，造船技术日新月异。乾隆年间，欧洲的一些造船技术已经超过中国，但整体而言，欧洲的造船技术和中国的造船技术各有千秋，不相上下。

……

伏波号四楼指挥室。

面容坚毅、身材高大、两臂猿长、手指节粗大、拇指戴玉扳指的左营参将苏世龙静默地看着舰队驶出军港。

陆地渐渐远去，大海碧波万顷。

只见鸟船散开探哨，一艘战船在前，两艘战船在侧，呈“品”字型护着旗舰，粮船在后。舰队以作战队形，中速前进。

一位个子中等，上身肌肉隆起，面庞黝黑，一看就知道是常年在海上生活的水师将领顺着楼梯噔、噔、噔而上，走到跟前。大声道："报，舰队整队完毕，请示下。"

"保持队形，中速，搜索前进。"

"是！"

一会儿，他又轻声说："世龙兄，这几年福建沿海盗匪绝迹，海靖波平。我们巡海，走走过场就行了，没必要这么认真了吧？"

"是啊，前几年提督大人镇守南澳、海坛、台湾三镇，着力打击海盗，福建沿海的海盗或被剿灭或被驱逐，福建海域确实平静了很多。"

"这几年国泰民安，海上贸易繁荣，往来福建的船只越来越多。但是远方的南洋、东洋还是盗匪猖獗啊。"

接着又说："吴守备，提督大人有言：防陆者不可处于家，防海者不可处于陆。为保东南沿海安全，提督大人还亲率楼船巡哨海上，严防海盗抢掠，严查走私夹带。兹事体大，我辈守海的军人不可懈怠啊！"

正午，一艘快船从后面赶来。

少顷，吴守备再次来到四楼指挥室，对苏世龙说："苏大人，刚刚快船来报，乌屿附近有很多不明船只集结。"

"哦，乌屿，那里暗礁众多，水情复杂，以前是藏倭寇、躲海盗的地方，难道又有胆大妄为的家伙来捋我水师的虎须？"

稍一沉吟，苏世龙又道："命，哨探密切监察，舰队前往青澳湾守候。"

四月二十五，傍晚，青澳湾。

伏波号四楼指挥室内，苏世龙居中而坐，左营各级将官分坐两边，正在研判乌屿局势。

吴守备："刚刚接到哨探来报，今天上午开始，有大量黑旗帮船只到乌屿集结，黑旗帮旗舰鲨鱼号今天下午也到乌屿了。根据黑旗帮的习惯和潮汐的情况，可能明天凌晨，黑旗帮要对过往的商船下手。"

苏世龙："哦，居然是黑旗帮。"

"提督大人在南澳担任总兵的时候，与六旗会的郑首领有约，六旗会不得进入福建海域，否则悉数剿灭。郭麻子这个疍家贼想找死吗？"

吴守备：“六旗会红、黄、蓝、白、黑、紫六旗，黑旗帮郭麻子最为凶残、狡诈，素来不服郑首领。这次乌屿的事，可能只是黑旗帮郭麻子的单独行动。”

苏世龙：“郭麻子行事，经常不留活口，血洗商船，欠下滔天血债。”

“这一次郭麻子到福建海域，我们一定要让他们有来无回。”

“令，吴守备率乙标战船从南面包围，我率其他舰船从北面迎敌。”

……

四月二十六，子时。

乌屿，黑旗帮旗舰鲨鱼号。

一个满脸凶狠、身材精瘦的刀疤脸对瘦高黑衣人道：“少主，我们以前在这一带做无本生意，就是被福建水师重创，才远走大屿山，我大哥也死在甘国宝箭下。”

郭婆带：“是啊，甘国宝治军有方，神箭无敌，福建水师太强大了。整个六旗会都不是对手。”

又道：“这次我父亲叫我带兄弟们到乌屿做生意，又在甘国宝眼皮子底下，不可恋战，要速战速决。”

……

大海茫茫，要找到在海上活动的海盗并不容易。

海上搜索，要凭海上的经验，还要有运气的加持。

福建水师左营舰队到达乌屿附近海面后，哨船四出，经过大半夜的搜索，找到黑旗帮劫掠的地点，已经是凌晨时分。

苏世龙见到远处的商船浓烟滚滚，料想黑旗帮已经得手了，急令伏波号开炮。

……

黑旗帮少主郭婆带听到远处炮响，转头一看，隐约见到黑底青龙旗，一时惊恐万分。

“赖特，福建水师来了，快走！”

“福建水师来了，兄弟们，快走！”

黑旗帮海盗纷纷弃下商船，夺海而逃。

伏波号靠近起火的商船，只见海盗船已经开始逃窜，一个精瘦的黑影还在船舷上呼喊指挥。

苏世龙取出铁胎弓，前推泰山，后拉虎尾，一箭射出。

精廋黑影应声而倒。

……

四月二十九。

福建水师提督衙门。

一身儒雅、满脸肃穆的福建水师提督甘国宝头顶红宝石顶戴，身穿九蟒五爪蟒袍麒麟补服，端坐案前。

水师左营参将苏世龙正在汇报。

“提督大人，这次黑旗帮海盗劫掠我福建海域，左营闻警而出，赶到事发地点时，黑旗帮已经开始劫掠，致商旅、船员死伤多人。为保护商船安全，避免商船损失扩大，当时不得已提前开炮逼退海盗。捕获黑旗帮头目一人，匪徒三十余人，船只三艘。乙标战船拦截不及，黑旗帮旗舰鲨鱼号逃窜。”

“经审讯海盗头目，这次黑旗帮的劫掠，有荷兰东印度公司的洋人参与其中，不只是抢劫商船，似有更大的目的，可能还有后续的动作。”

“这次黑旗帮近在咫尺，未能歼灭，原因有二。其一，风帆不利，西洋船软帆利于侧风、逆风借力，在暗礁多的地方行驶灵活。其二，火炮不力，水师火炮散而近，不如西洋船只有舰载火炮能发射二十四磅炮弹，准且远。”

又道：“今年下半年皇上将在杭州观澜楼阅操，检阅水师。又遇到北风，于我福建水师不利。”

水师中军参将温泰上前一步，道：“去年，提督大人上任以来，福建水师多次向兵部呈报，请求追加军费，解决风帆火炮事宜。兵部近日复函，‘军费向有定例，不可擅自追加。一者，大清福船自明代三宝下西洋起就领先全球，不必在细枝末节上改动；二者，我天朝大国，领土广大，物产丰富，不必与蛮夷小岛斤斤计较，不得到外洋与西洋人鏖战’。”

第三章 妈 祖

黄菜儿是一个身材瘦弱的中年妇女。

从小孤苦，体态弱小，面有菜色，大家就叫她菜儿。

黄菜儿长大后跟随乡亲下南洋讨生活，到南洋后她嫁人生子，也积攒了一些财货。四年前，黄菜儿一家带着在南洋辛苦劳作所得，乘坐横海船返回大陆，途中遇到台风，船只倾覆。黄菜儿捞到一块木板，用衣服、裤带把自己绑在木板上，在狂风暴雨的大海上漂泊了三天。

她精疲力尽，油尽灯枯，她一直祈祷妈祖显灵，昏迷之中她似乎看到妈祖一脸慈悲地踏着波浪而来。

醒来时，她已经在南澳总兵甘国宝的楼船上。

黄菜儿的家人、财货都在这次台风中覆没了，她仅剩一人回到厦门。她坚信是救苦救难的妈祖救她一命，她坚信甘国宝是妈祖部将虎将军下凡。

从此，她成为最虔诚的妈祖信徒，四处传颂妈祖的大爱，她逢人就讲妈祖的神迹。

黄菜儿发下宏愿，要在厦门建一座妈祖神庙，庇佑海上的生灵。去年甘国宝就任福建水师提督，她虔诚地到提督府向甘提督感谢救命之恩，并表达了建造妈祖神庙的愿望。甘国宝果断表态由他倡建妈祖神庙，并依照首任福建水师提督施琅时敕封“护国庇民妙灵昭应宏仁普济天后”的旧例，建妈祖神庙为“天后宫”。

果然，一切像黄菜儿想象的一样。

黄菜儿坚信妈祖留她在人间就是为了建造天后宫，传播福音，庇佑众生。

在甘国宝提督的大力倡导下，天后宫的捐地、募款、购料、建设，一切都按部就班地推进。

黄菜儿除开吃饭、睡觉，其他的时间都花在天后宫的建造上。她要用弱小的身躯来实现庇佑众生的宏大愿望。

天刚蒙蒙亮，黄菜儿醒来，在脑子里想一想今天要做的事。

哦，赵老板上个月答应的五百根椽条还没有到，马上就要铺椽条了，赶紧去催一下。

她迅速起身，扒拉两口昨晚的剩饭，就往赵老板的海货店走去。

天已大亮，街上人流涌动，赵老板的海货店还没有开门，赵夫人一脸铁青地坐在侧门的门槛上。

赵老板头发凌乱打着哈欠从巷子里走出来。

赵夫人迅速爬起身，扯住赵老板厮打。

咬牙切齿地吼道："姓赵的，家里最后两把紫檀木的太师椅昨天晚上也让人搬走了，那是我的陪嫁啊，现在家里一样值钱的东西都没有了。"

"你还在外面吃鸦片！你只顾着拿钱去吃鸦片，叫我们娘俩还这么活啊！"

赵老板落荒而逃。

赵夫人瘫在地上嚎啕大哭。

黄菜儿默默地看着，知道赵老板捐献的五百根椽条泡汤了，也不知道怎么安慰赵夫人。

她转身离开，还要去找丁老板落实捐献的事。

丁老板的洋布行倒是开着门，但不像是在做生意的样子，一大帮黑衣人在大捆大捆地往外搬运洋布。丁老板夫妻二人面色苍白、目光呆滞地靠在门边。

看热闹的闲人："造孽啊，丁光头吃鸦片吃光了家产，整个店铺都给人搬空了。"

好吧，又是一起吃鸦片败光家产的事情。

黄菜儿有些茫然，赵、丁两位都是经营海上生意的老板，都是妈祖庇佑的众生。

但是，自甘堕落吃鸦片的人，妈祖还要庇佑吗？

这件事要跟甘国宝提督说一声，他要管一管。

……

五月初一。

甘国宝接到黄菜儿的传讯，寻思着："妈祖为海上船只保驾护航，又曾帮助福建水师收复台湾，兴建天后宫对民间商贸和福建水师都意义重大。现在天后宫的建造已经进入收尾阶段，还是要到现场看一看，把一些细节落实到位，完美收官。”

甘国宝知会地方衙门、捐款富商一干人等，带着亲军兵弁一起到天后宫现场处置。

天后宫已经初具规模，大门石柱刊刻对联“女中圣人牧林钟秀，天下慈母海国静澜”，正在铺设屋顶，之后就是延请神像，请香接火等等事宜了。

甘国宝对天后宫项目极为满意，深切体会到厦门妈祖信仰根深蒂固。

突然，一道带着杀机的目光进入眼角，仔细一看，那里原有的一个黑衣人不见了踪影。

……

黄菜儿对甘国宝极其崇拜，她觉得甘国宝讲的每一句话都是她想讲而讲不出来的话，她一脸虔诚地看着甘国宝的目光向她看来，身旁的一个黑衣人却突然急速离开。

“有古怪。”

这个黑衣人一脸冰冷，眼神像死鱼，应该是跟随那一帮富商一起来的。

……

那一道带着杀机的目光，甘国宝极为熟悉，迅速在脑中过一遍。喃喃：“倭寇，黑龙帮，柳生。”

那是乾隆二十四年十一月。

甘国宝调补台湾挂印总兵，乾隆皇帝批示：“此系第一要地，非他处可比。”

时有倭寇黑龙帮盘踞在台湾东北的八重山列岛一带，抢掠商船，为祸东海。倭寇黑龙帮还想效仿倭国萨摩藩强行割占琉球北部五岛并改名为奄美岛的做法，强行占据八重山列岛。

之前的几任台湾总兵都曾发兵清剿黑龙帮，但黑龙帮贼首柳生小五郎极其狡黠，他拉拢台湾本土的一些海盗收集情报。如果台湾发大部队来清剿，黑龙帮就退到萨摩藩的奄美岛；如果台湾只有小部队来进攻，柳生小五郎又自恃武功高强，熟悉地形，占据海岛与官军对抗。

甘国宝在详细分析敌我情形之后，决定改变战术。

乾隆二十五年，正月初九。

刚过完春节的人们还沉浸在节日氛围之中，三三两两地喝酒、串门，还在讨论着怎样过一个愉快的元宵节。

一艘满载货物的台湾商船，借着西风，从鸡笼山驶往八重山岛。

正搂着美女与黑龙帮一众倭寇饮酒作乐的柳生小五郎听闻消息，决定亲自做一票，开个利市。

黑龙帮旗舰黑龙号海盗船在竹节岛附近海域截住台湾商船。

倭寇惯用的一套攀绳，跳帮，缆绳绑定，都顺利进行。

到这个时候，风帆快捷、火炮犀利都没有用武之地了，靠的是船上人员的人多势众、嗜血斗狠、武功高强。一般这时候，商船上的船员都是惊慌失措、拼死抵抗，或者苦苦哀求。

柳生小五郎正在考虑，是只劫货物呢？还是血洗商船呢？

哼哼：“那要看我心情好不好！”

这时，对面商船舱门大开，一个个水军官兵冲出甲板，先是鸟铳、弓弩射杀，近身后大刀、长枪攻击。

黑龙帮倭寇节节败退。

柳生小五郎喃喃:“这种场面不是没见过，到我上场的时候了。”

柳生小五郎抽出太刀，跃出三楼船舱，以刚柔流“趋”字诀向前劈杀。

官兵迅速分开，露出一位长髯及胸、目光冷静、手握熟铜锏的大汉。一个上步，熟铜锏斜格。

一阵大力从太刀传来，刀势顿时停滞。

……

甘国宝的战术是打蛇打七寸，擒贼先擒王。只要击杀贼首柳生小五郎，黑龙帮倭寇将不攻自破。

经过一番秘密安排，甘国宝亲自率领一标精锐的兵弁藏在民用商船里，出东海寻找黑龙帮贼首柳生小五郎。

柳生小五郎果然上当。

甘国宝的武功已经到大用外腓、真体内充、反虚入浑、返璞归真的境界。招式极简单，似轻实重；步法如游龙，似缓实速。

甘国宝与柳生小五郎战在一处，甘国宝发觉柳生小五郎的刀法刁钻、攻守兼备、力道沉稳，是见到过的日本武士中最强的一个。

十几招过后，甘国宝摸清了柳生小五郎的招式，一招猛虎归林，一扑一引。柳生小五郎身体前倾，失去重心，破绽尽显。

老虎摆尾，熟铜锏劈头砸下。

甘国宝念及柳生小五郎武道修为不易，熟铜锏卸了几分力，改为侧击。将柳生小五郎拍出甲板，掉入波涛汹涌的大海。

第四章　端　午

乾隆二十七年五月初五，端午节。

厦门，福建水师提督府。

烈日高悬，人们都藏在阴凉处躲避太阳，提督府门前的石板街上空无一人。

提督府大门的门房里一个独臂壮汉靠在躺椅上闭目养神；斜对面的小门店有一个瘸腿的中年汉子无精打采地看着杂货铺；拐角处榕树的树荫里一个满脸大胡子的独眼老汉有一下没一下地扇着扇子……提督府周边多处地方都有残疾人懒散地做着自己的事，但这些残疾人偶尔闪过的锐利眼神，又说明这些人不是等闲之辈。

甘国宝治军有方，体恤部卒。施舍棺木安葬无嗣死亡老兵、送返战死戍卒遗骸、收拢因台风毁坏船只而漂流到其他地方的“覆没兵”、安置伤残士卒……。部卒对他极为拥戴。

提督府周边的这些残疾人都是上过战场、见过血的百战老兵，因为身患残疾，不适合继续在军队服役。甘国宝根据他们的特长，部分转为亲军兵弁，部分安置在周边做一些小买卖。

看似防备松懈的提督府实则戒备森严，一旦风吹草动，这些百战老兵能迅速成为一支战斗力极强的守卫部队。

……

提督衙门正堂。

甘国宝身着官服，挥笔疾书。

一个断手亲兵轻步上前，对甘国宝道：“大人，夫人已经备好午食，表姑和表姑丈也到了，请大人到后堂过端午。”

甘国宝略一思量，随手批完公文。对堂下众人道：“今天上午的事情先做到这里，大家都散了吧，回去陪家人过端午节。下午参加水师龙舟赛，晚上在营房吃军伍饭。”

“世龙，你到后堂来，和我一起过端午节。”

……

提督府后堂。

甘国宝穿常服坐主位，夫人廖雪娇坐次席，甘国宝表姐王莲莲和表姐夫郑诚坐客席，苏世龙在侧作陪。

甘国宝夫妇和苏世龙都穿着棉麻透气的常服，既不富贵，也不寒碜。

郑诚夫妇则是一身华服，珠光宝气。王莲莲还精心地涂了上等的珍珠粉、抹了上等的胭脂。

郑诚是厦门“诚字号商行”的东主，财大气粗。王莲莲本来就是“爱炫”的性格，加上表弟甘国宝去年到厦门担任福建水师提督，那一个“飘”啊。

王莲莲把一身得意都写在了脸上。

……

开席后，

廖雪娇提着一串粽子逐一分过，道：“这是老大人亲手做的屏南黄碱粽，大家都吃一个，过个吉祥的端午，一年好福气。”

苏世龙吃过粽子，嘟囔着：“这才是家乡的味道。”

苏世龙夹起一块红糟肉，塞进嘴里，囫囵吞枣地几口下去，满足地说：“师娘，这秘制红糟肉，瘦而不柴，肥而不腻，满嘴糟香，太过瘾了。”

廖雪娇笑着说：“世龙啊，你跟你师父一辈子过军伍生活，别的本事学得怎样不知道，爱吃红糟肉这口，你跟老爷都模到骨子里去了。”

“嗯嗯，我整天与军伍的兄弟厮混，只有过节才能吃到师娘的秘制红糟肉。”

廖雪娇又夹一块红糟肉到苏世龙碗里，道：“来来，那就再吃一块。这次莲姐回老家探亲，带回屏南的酒糟，才能做出你们爷俩爱吃的味道。”

王莲莲对甘国宝说道：“表弟啊，这次回屏南探望姑父，他老人家对你们甚是思念，还亲手做了屏南黄碱粽让我捎给你们过端午。”

又低声道：“姑父偶感风寒，身体欠佳，年事已高，可能时间不多了！”

甘国宝怅然，情绪莫名。

叹息道：“是啊，这几年戎马倥偬，都没回去看望老人家，是要找时间回家看看了。”

气氛一时沉闷。

郑诚商海沉浮多年，是个见惯场面的人。他用手推了一下王莲莲。

王莲莲也是个知趣人，她赶忙用手对面庞扇风，一副酷热难耐的模样，对廖雪娇道：“热死啦，热死啦。弟媳啊，天这么热，你也不去砌一堵冰墙。你都一品夫人了，大热天还这样硬扛。我们家就有一堵冰墙，夏天装上冰，可凉快啦。”

廖雪娇道：“你们穿得这么隆重厚实，肯定热啦。我们都穿得凉爽透气，当然不热。”

“莲姐，你们不是不知道，老爷这么多年的饷银都贴补在军伍上，什么葬老卒、返遗骸、收覆没、安伤残等等都要花钱的。哪里还有余钱做冰墙？”

郑诚：“表弟啊，去年你到水师提督任上，四海商行的董老板想孝敬你一万银圆做冰墙，你就是不要。厦门商界的这种‘冰敬’都是惯例了，每个大人都有，他们都收了，只有你不要。”

“我知道你这个人一心扑在军伍上，不谈个人享受。但你可以把这一万银圆用来贴补葬老卒、返遗骸、收覆没、安伤残什么的军伍不足。不要老是用自己的饷银贴补，都一品大员了，还这么简朴。”

……

大担岛，福建水师伙房。

甘国宝与一众将官晚餐。

大伙乘着赛龙舟的高兴劲，嚷嚷着：“这次杭州秋操，福建水师要出彩夺锦。”

温泰低声对甘国宝说：“大人，只要能解决风帆和火炮的事，我保证我们水师能在杭州秋操上所向披靡，夺取头标。”

晚上。甘国宝辗转反侧，一夜难眠，他轻轻地披衣而起，走出寝室。在庭院里来回踱步。

喃喃："朝廷不理解闽粤人的海洋情节，不知道水师军备的重要，不懂得海上有财宝啊……现在海上作战，箭法再好也没用了，靠的是风帆快捷，火炮犀利。没有经费是解决不了问题的。"

"皇上严惩贪腐，对贪污腐败的官员处理得十分严厉，乾隆十三年废除了'还赃减等'条例，贪腐一千两白银就杀头，很多贪腐官员都人头落地……但这笔款项是用于帮补军备,应该没有妨碍，只能这样了。"

"秋操的事我们要尽力而为，水师装备不能落后，落后就要挨打啊。"

……

五月十一。

福建水师提督衙门。

甘国宝犹豫了好几天，还是对中军参将温泰说："温泰，四海商行董老板有一万银圆，你跟董老板联系一下，把这笔钱取来。用这笔钱安排人员去洋人那里学习造风帆、造火炮的技术，也可以考虑买一部分，以实物来参考这些装备怎么制造。"

第五章　红　楼

乾隆年间，国泰民安。

随着厦门港开埠，大量海外船只到厦门运输货物。一时间，舟楫连天，商贾云集。

海量的货物、无数的钱财，集中到了厦门，令人眼花缭乱。

开元街是厦门商贸最繁荣的地段，人流如织，寸土寸金。开元街中心位置有一座高大建筑，雕梁画栋，金碧辉煌，整座大楼除开描金的部分，其他地方都刷成红色，这座大楼就叫“红楼”。

红楼，是厦门的销金窟。

温柔可人的新罗婢、黑矮敦实的昆仑奴、金发碧眼的菩萨蛮，各色人等，吃、喝、玩、乐，一应俱全。

山珍海味、绫罗绸缎、奇珍异宝，应有尽有，还有许多海外的奇巧淫技，稀奇古怪的好玩物件。

只要你有钱，只要你钱多。红楼，就是你想去的地方。

……

五月初十，中午。

这几天，罗二叔都在码头忙着甘蔗的装卸、运输和销售。

寻思着厦门的变化真大。

十几年没来，厦门从一个荒芜的岛屿变成人声鼎沸、物欲横流、生机勃勃的大都会。原来杂草丛生的地方都变成了港口、商铺，只有几棵老榕树还长在记忆中的地方。原来认识的几个朋友也踪迹全无。

真是物非人也非。

甘蔗的事告一段落，罗二叔想着此行的另一个重要任务，也见识一下厦门的繁华。

罗二叔回客栈洗去满身的腥臭，换一身透气干爽的衣衫，独自一人在开元街街头漫无目的地走着。

前方的红楼那么醒目，正是犒劳一下自己的地方。

罗二在红楼一层大堂角落里，点了清蒸鲈鱼、红烧猪蹄、海蛎煎等几样海边菜，要了一斤黄酒，背靠墙壁、面向大门、半蹲坐在凳子上，正要开始用餐。

一群身穿华服的汉子和浓妆艳饰的女郎正高声谈笑着从门口走来。罗二叔一看，居中一位双眼细长的华服胖子正是自己这次要找的朋友。

真是踏破铁鞋无觅处，得来全不费功夫。

那细眼胖子也看到了罗二，他向那群人告了个罪，快步向罗二走来。

迟疑道："罗二，是罗二兄吗？十几年没见了，怎么在这里？"

罗二略为戒备地站起来，道："是添财兄弟吗？你胖了一大圈，我都差点认不出来了。"

王添财满脸堆笑地说："我是添财，跟你抢番薯的阿财啊。"

暗记对上，罗二释然。

"罗二兄，我这些年都在厦门，跟着七爷做生意。"

王添财叫过一个伙计，道："这位罗兄是我多年的好兄弟，这一餐记在我账上。"

接着对罗二说："这几年厦门的生意很好做，赚了几个小钱。在陆地上做生意比海上讨生活安稳多了。看你这样子，还是这么黑，一点都没变，是不是还在海上讨生活？"

罗二笑道："我们这种白水郎，不像你这么有门路，只能在海上漂泊，风里来雨里去的，混口饭吃吧。"

王添财抬眼扫了一下大堂，低声对罗二说："罗兄，这里人多嘴杂，不方便说话。今晚到老地方聚一下，我们好好地攀谈攀谈。"

……

红楼，后厅三楼。

一阵悠悠的箫声中，两个女子和着檀板演唱南音满空飞的《西洲曲》："忆梅下西洲，折梅寄江北。单衫杏子红，双鬓鸦雏色。西洲在何处？两桨桥头渡……"

偌大的一个剧场，只有一个方脸的壮汉坐在中间的太师椅上，眯着眼静静地听曲。

王添财推门而入，壮汉对外挥了挥手。

顷刻间，南音戏班退得一干二净。

王添财躬身道："七爷，罗二到了。"

"怎样？"

"七爷高明，我们去找他，不如他来找我们。罗二这个老江湖是自己'碰到'我们，就不会那么警惕了。"

七爷道："罗二这次贩卖甘蔗只是一个障眼法，如果不是黑旗帮通告，我也被他骗了，重点是他身上的黄金宝图。"

"罗氏兄弟这几年在南洋讨生活,在婆罗洲探明一个大的金矿，这次来福建寻找合作伙伴。黑旗帮想劫了宝图，独占婆罗洲金矿。"

"黑旗帮在海上截杀了一次，却被福建水师坏了大事，才找我们帮忙。你要找一个偏僻的地方……"

王添财道："我已经约罗二晚上在湖里湾见面，那里是我们的地盘，人迹罕至。"

七爷道："小心一点，甘国宝治下的福建水师战力强悍，纪律严明。你这次要做得隐秘，不要有手尾让福建水师发现。"

七爷喃喃："罗二，天堂有路你不走，地狱无门你偏要来。"

王添财又道："七爷，那罗二武功极高，我一个人恐怕对付不了。"

七爷对身侧说："柳生，你走一趟。"

七爷身后的阴影中显出一道黑影，点了点头。

……

湖里湾边上的湖里山，是以前罗二在海上讨生活时，在厦门上岸交接货物地方。

傍晚。人迹稀少，波涛阵阵。

罗二特地绕了一圈，既是查探，也是缅怀。

屋里一桌酒菜，王添财等待多时。

罗二进屋后，抱歉道："不好意思，来晚啦。几年没来，路都不熟了。"

习惯性地找了一个背墙面门的地方，半屁股蹲坐在椅子上，长条布包放在伸手可及的地方。

四周一片寂静，可见范围内，只有罗二和王添财把酒畅谈。

酒过三巡，王添福道：“罗兄，还有一个老朋友要见你。”

门口进入一个日本武士，用生硬的汉语冷冷道：“罗二，我们又见面了。”

罗二倏地站起来，手抓长布包。

王添财急速退到窗边。

柳生进门、罗二站起来、王添财退到窗边，几乎是在同时间完成。

罗二厉声道：“柳生，你不是死在甘国宝锏下了吗？”

王添财阴险地道：“罗二，今天给你用了西洋的天仙醚，一个时辰之内动弹不得。任你武功再强，也难逃生天。你乖乖交出黄金宝图，或可以饶你一命。”

罗二瞠目怒喝：“柳生狗贼，你杀我妻儿，我与你势不两立，今天必取你狗命！王添财，你要做林冲上梁山的陆虞侯吗？”

罗二拔出长刀，正要突进。

突然，脚下发软，手臂无力，心脏像针刺一样。长刀前指却无力向前。

柳生疾步上前，一招斜劈，血光四溅，人头落下。

第六章　沙茶

迎宾客栈是厦门中等消费的客栈，干净整洁，经济实惠。

爬满墙壁的三角梅说明这是一间有年头的客栈。

一个秀气的帅小伙从远处走来，她是女扮男装的罗兰。

罗兰配合罗二叔在码头处理好甘蔗的事情之后，禁不住年轻人的好奇，她要去看看父亲说过的繁华场所、她要吃没吃过的零食甜嘴、她要买好看的衣裳化妆品……

罗兰与二叔分头行事。

罗兰前天渡海去逛了一趟传说中的同安县，吃遍了能吃到的美食，正心满意足地返回租住的客栈。

罗兰转过街角的沙茶面店，看到迎宾客栈满墙的三角梅。

“不对，二叔用三角梅做的记号不见了。”

她步履不变，心中念道：“冷静，冷静。二叔没回来？”

罗兰蹲下身子，重新系了一遍鞋带。用余光扫过迎宾客栈周边，看到有两个黑衣人在盯梢。

“二叔不是去找阿财了吗，难道出事了？要赶快脱身，身上的宝图不能丢失，实在不行就把宝图毁了。”

罗兰起身走入沙茶面店，问了一下沙茶面的价格，看到店里有后门。她穿过店铺，迅速从后门消失。

……

午后的阳光依然炽热。

村边的大榕树下一片凉爽。

榕树下的青石板缝里长着绿色的小草。

一群流着鼻涕的小孩子围着一个极其雄壮的年轻人在叽叽喳喳地吵着。

青年壮汉满脸欢笑，大声道：“猜枚，猜枚，一个一个来，猜到的分一个糖果。”

“左边”“右边”……

猜到的小孩兴高采烈，没猜到的小孩一脸沮丧……

正当壮汉与小孩们玩闹之间，一个年轻人走到壮汉身边，说：“蓝哥儿，前几天有人找你，叫我给你这个。”说着递过一根竹管。

壮汉接过竹管，在左右按了按，拨开管头，取出一张纸条，打开看了一眼。

“哈哈哈，我刚回来，师兄就请我吃刘大的沙茶面，太好了。”

接着对众小孩说：“都有，都有，每个人都有糖果。小四，刚才你猜错了，现在补一个。”

他给每个小孩都分了糖果。小孩们一哄而散。

壮汉又拿过身边的包袱，大婶的菜刀、二婶的针线、三伯的伤药……仔细地把乡亲们托他采购的物件一家一家地分过去。

一时间，“篮哥儿，谢谢你啊！”

“篮哥儿，辛苦啦！”

“我只是跑跑腿，不辛苦，不辛苦。”

“有空再来啊！”

说话声四起。

壮汉分空了包袱，回头说：“走啦，走啦。吃面去咯。”

……

离提督府不远的背街小巷，极具烟火气。

傍晚时分，码头的挑夫、船上的水手、书写的代笔、做生意的店员……附近的人都在这里吃食。

转角处是刘记沙茶面，店后有一个小空坪，空坪后是小河，小河上有一艘小舢板。

店里坐满了食客，两个中年夫妇汗流浃背地忙碌着。

苏世龙身穿便衣，走到刘记沙茶面门口。

正在忙碌的中年汉子看见苏世龙，忙道：“苏大人，很久没来了吧，后厅坐。”

大声对后厨说：“老婆，苏大人来了，赶紧的，把今天刚买的新碗拿出来，我给苏大人做一大碗沙茶面。”

苏世龙道：“最近出海，来的少啦。”

又道：“刘大，不急。一会儿小师弟也会来。”

刘大惊喜道："哦，篮哥儿回来啦？快一年没见到他了。"

又大声道："老婆，多准备几份料，一会儿篮哥儿也来吃食。"

过了约莫半个时辰，陈篮也来到刘记沙茶面，一进门就对刘大来了一个熊抱。

"刘大，我想死你啦！"

又对微笑地望着自己的苏世龙道："师兄，我来了。"

苏世龙道："师弟，吃一碗刘大的沙茶面。"

陈篮："一碗不过瘾，要多来几碗。"

刘大笑着道："有的，有的，早知道你这个大肚汉要吃别人的几倍，都准备好了。"

心里嘟囔："臭小子，你是我们几个老兵看着长大的，我还不知道你这个吃货的肚量。"

几碗沙茶面端上来，只见黄面混着少量豆芽伴着浓浓的沙茶辣，面上铺着翠绿的菠菜、素白的墨鱼丸、红里透亮的几只大虾，黄、绿、白、红，极为诱人。

苏世龙细嚼慢咽，陈篮狼吞虎咽。少顷，苏世龙吃完一碗沙茶面，陈篮也吃完了三碗沙茶面。

陈篮大呼："师娘的红糟肉，刘大的沙茶面，屏南的红粬黄酒，就是我的最爱！"

刘大又对后厨喊道："老婆，把柜子里那一坛十年的红粬黄酒拿出来，让他们哥俩喝个够。"

"就是，就是，刘嫂快把红粬黄酒拿来，让我解解馋！"

刘大："不急，不急，沙茶面只是垫一垫肚子，还有炒花蛤、煎海蛎、焖墨鱼……都是你们爱吃的小海鲜。"

"你们师兄弟难得一起来，慢慢来，吃个够。"

"你们师父仁义，收留我们这些伤残老兵，给我们本钱做生意。我刘大只有炒菜这门手艺，没有提督大人，我还不知道在哪里穷困潦倒，苟延性命。"

苏世龙对刘大说："不说了，刘大，我们是战场上冲锋陷阵、性命交付的兄弟，不说这些了。"

又对陈篮道："师弟，来，喝酒。"

刘大夫妇又忙碌去了，后厅只剩师兄弟二人喝酒。

苏世龙：“师弟，去年师父传你熟铜锏，让你游历四方，怎么样，有收获吗？”

陈篮答道：“见了很多世面，眼界开阔不少。我按师父的交代，在海浪里修练沧浪劲，收获不少，我的沧浪劲已经能够从汹涌磅礴到细致入微了。”

“哦，试试？”

两人双手一搭，一震，然后分开。

苏世龙：“臭小子，果然又进步了，难怪师父把熟铜锏传给你。”

陈篮嘿嘿一笑：“师父的两件兵器，你得了铁胎弓，我得了熟铜锏，一人一件。公平，公平。”

又凑近苏世龙，道“师兄，通过这次游历，我觉得我不喜欢军伍生活，规矩太多。我喜欢无拘无束的江湖，畅快！”

“对了，师兄，我在回厦门的路上，看见好几个日本武士。黑龙帮倭寇不是被师父击溃了吗，怎么厦门还有日本武士？”

苏世龙低声道：“这就是我让你不要回提督府的原因，最近厦门来了很多日本武士，黑旗帮海盗在海上闹事，有西洋武士参与，岛上黑衣会也蠢蠢欲动，不知道这些人在搞什么鬼。”

“师父担心海上安全，亲自去巡海了。岛上情况也很复杂，暗流涌动。你这一年多都不在师父身边，别人不知道你是我师弟，师父交代你在暗处查一查，是不是有人在厦门搞事。”

第七章　澳　头

五月初十，深夜。

红楼后厅三楼。

七爷面无表情，斜躺在太师椅上。

王添财道："七爷，罗二已经被柳生一招疾风斩斩落人头。"

"我们用了洋人的醚仙子，那醚仙子无色无味，罗二虽然是老江湖，但没有接触过洋人的东西，还是着了道。为了不引起罗二的怀疑，我跟他一同食用了酒菜，虽然事先服用了解药，但事后也是不能动弹，我到现在身子还是麻的，洋人的麻药真是厉害。"

七爷冷冷道："宝图呢？"

王添财讪讪道："事后没有在罗二身上找到宝图，到迎宾客栈搜过了，也没找到。应该是在罗二身边的青年身上，那青年现在不见踪影了。"

七爷一脸阴沉，眯着眼睛想了一会，道："甘国宝治军严谨，又特别重视海上查巡，有好几批兄弟都折在他的手上，最近还是小心一点。后面的事，让黑旗帮自己处理，我们给他通报消息就好了。"

王添财又小心翼翼地说："七爷，甘国宝到任福建水师提督这一年来，我们都是小心翼翼，不敢有大的动作，货也进不来，进项少了很多，都入不敷出了。兄弟们手头紧，都嚷着要做几票大的。"

七爷："哼，还不是杀人放火发大财。"

喃喃："千里当官只为财，我就不相信甘国宝不贪财，现在不收，是嫌送得不够？"

……

同安县澳头，是瓷器远销南洋的主要港口。

女扮男装的罗兰逃离迎宾客栈之后，再一次改变装扮，她穿着破烂的衣服，脸上沾满灰尘，身上满是泥垢，眼神茫然，脸色憔悴，像一个衣食无着的乞丐，极其小心地躲藏在四处流浪的乞丐群里。她走过每一个罗二叔可能出现的地方，都没有罗二叔的踪迹，她判断罗二叔已经遇害了。

现在要想办法离开厦门，返回南洋。

七爷手下的黑衣会是厦门的地头蛇，关系极其复杂，他们散布在各个角落，像一张大网控制着厦门和周边的消息。

罗兰虽然很有江湖手段，但没有当地人的帮助，像无根的浮萍，还是让黑衣会给盯上了。

罗兰被黑旗帮围在澳头港附近的荒坡上。

罗兰心中一惊，继续装可怜地说："各位大爷，让一让道。"

郭婆带冷冷道："罗兰，你以前在南洋就经常女扮男装，人称'兰哥儿'，今天又装乞丐，你以为我认不出来？"

罗兰心知瞒不过了，厉声道："郭婆带，我们罗氏与你黑旗帮素来井水不犯河水，相安无事，为何屡次截杀？"

郭婆带道："我知道你身上带着黄金宝图，你乖乖地把宝图交出来，就放你一马。"

罗兰道："郭疯子，宝图在我二叔身上，你不怕我二叔钢刀的犀利吗？"

郭婆带阴阴一笑："你二叔？你二叔早就去见阎王了！"

罗兰心胆俱丧，知道无法善了。摸出腿边的分水刺，向郭婆带急刺而去，郭婆带也挥刀接战。

罗兰与郭婆带拼了两招，觉得手腿发虚，后力不续，知道自己这几天奔波劳累已经没有几成战力了。她一咬舌尖，以两败俱伤的打法向郭婆带猛攻过去。

郭婆带心想："这娘们拼命了，不跟她以伤换伤。"向侧退了两步。

罗兰趁着郭婆带闪躲的机会，突破包围，向远处的村庄急奔而去。

罗兰逃到村口榕树下的时候，已经身中数刀，脚步踉跄，再次被围住。

突然，一个背着长条布包的壮硕的身影像大鸟一样从榕树上飞下来，落到罗兰的身边。

那壮汉护在罗兰身侧，道："唉唉，住手，有话好好说，快住手，怎么这么多人打一个人，再打下去要死人啦。”

郭婆带道：“哪里来的野汉子，敢管黑旗帮的事，快快让开，不然有你好看。”

陈篮心想：“黑旗帮！那更要管一管了。”

陈篮道：“以众欺寡，不是好汉，有种一个一个来。”

郭婆带看陈篮极其威猛，悄悄退后几步，对部众喊道：“大家一起上，两个都干掉，速战速决。”

又对远方树林喊道：“赖特，这里有武术高手，快来对决。”

由于陈篮护着罗兰，黑旗帮部众都往陈篮砍去。

陈篮哈哈大笑，一招猛虎出林，扑了出去。

陈篮脚踩七星、拳打八方，没有一合之敌，拳爪过处，黑旗帮部众纷纷倒地。

赖特急奔而来，摆了一个起手式，等着陈篮。

郭婆带大急道：“赖特，不要管你的贵族精神了，快杀了他，夜长梦多。”

赖特待陈篮放倒了所有的黑旗帮部众之后，才持剑攻来，陈篮仍然赤手空拳接战。

陈篮觉得剑如密雨一样铺天盖地而来，极不适应，一时手忙脚乱，连退数步。

大喊：“古怪，古怪，这是什么剑法？”赶忙取出布包里的熟铜锏，再度迎了上去。一时间，两个高大的身影战成了一团。

陈篮雄壮，熟铜锏力大招沉，纵横开阖，一力降十会。

赖特长手长脚，刺剑快如闪电，密如针脚，唯快不破。

两人棋逢对手，大战了多个回合。

陈篮大呼：“痛快！痛快！跟师兄干架都没有这么痛快！”

赖特也觉得剑法发挥得酣畅淋漓，认识到东方武术的博大精深。

这时，远处铜哨声四起。福建水师的官兵闻讯赶来。

郭婆带满眼焦急，大喊：“赖特，快走，官兵来了。”

陈篮想起师兄的交代，还不到和水师官兵见面的时候，也拉起罗兰就要离开。但此时罗兰由于失血过多瘫倒在地，陈篮一把抱起罗兰急速离去。

陈篮对这一带极为熟悉，七拐八拐就摆脱了官兵和黑旗帮。

陈篮面色怪异：“这人身子怎么这么柔软。”急着赶路，也不及细想。罗兰见脱离了危险，精神一松，昏厥了过去。

陈篮又急奔了一段时间，觉得安全了，才走入一个深巷的古厝。

“雷公，雷婆，快来帮忙，这个人受伤很重。”

雷公也是水师老兵，为人急公好义，嗓门极大，声闻数里，退伍后回乡安度晚年；雷婆父辈是医药世家，她本人也精通医理，为人古道热肠，讲话细声细气的。雷公雷婆经常帮助乡里乡亲，在这一带有很高的威望。

陈篮闪身而入，雷公粗略一看满身是血的伤员，道：“左胸出血很多，你处理一下伤口，我去喊雷婆。”

陈篮急忙把伤员放在床上，撕啦一声，把伤员胸前的衣服撕开。

“啊！女的！”

第八章　芦　山

同安县西北，芦山南麓的一个村庄。

罗兰被一阵剧烈的疼痛给痛醒了。

只见一个壮硕青年男子正诧异地望着她。

罗兰感觉到自己胸前一片空荡荡的，她想到某种可能，本能地发出一声凄厉的尖叫：“啊……”

再一次昏迷了过去。

罗兰重新拥有清醒的意识已经是两天之后，她闭着眼睛回想一遍：“被困，拼杀，突围，再次被包围，有一个年轻人出手，逃亡……”

现在是什么情况？

她还是闭着眼，感觉一下身体状况：“多处地方有伤痛，伤口酥痒，身上换了干净的衣服，躺在铺了草席的硬板床上，闻到草药的味道……应该是被人救治了。”

眼角睁开一线，发现房间里空无一人。

她睁开眼睛，看见这是一间整洁简单的房间，只有一张床铺、几个架子和墙角的柜子，没有窗户，房门半开没有上锁，一束阳光透过门缝照在红砖地面上。

原来穿的破旧衣服挂在床头的架子上，她伸手摸了摸，衣服夹层里的图纸还在。

图纸还在，说明壮硕青年不是来抢黄金宝图的。

房门半开，说明壮硕青年不怕她逃跑。

那就是安全了。

在江湖闯荡，安全问题最为重要。

罗兰彻彻底底地松了一口气。她又想起那壮硕青年诧异的眼神，心中荡起一片羞涩。

在一阵复杂的心情中，罗兰又沉沉地睡了过去。

房门“吱呀”一声，罗兰再次醒来，只见一位身材纤瘦、满脸慈祥的阿婆端着碗正推门而入。

阿婆穿着浆洗得褪色而又干净的衣裳，头发梳得一丝不苟，身上一股淡淡的药香味，轻声说道："我听到你翻身，知道你醒来了。来，先喝一碗海鲜粥，过一下肠胃。"

罗兰一看，知道来的这位是救治自己的医者，赶紧说："谢谢阿婆。"

她爬起身，靠着墙壁，接过粥碗。

闻到粥香，罗兰才发觉自己肚子贴到后背，已经好几天没有进一滴水米了。

阿婆道："慢慢喝，你的身子还很虚弱，不能急。"

罗兰慢慢地喝完粥，汤水流过肠胃，肚子里的暖热散到四肢，才觉得自己又活了过来。

阿婆轻轻地说："左胸的那一刀差一丝就刺破心脏了，出血非常多，晚来半个时辰就救不活了。"

房间一暗，一道壮硕的身影挤着门框进来，把房间的光线都挡住了。

……

陈篮记着师兄的交代，知道这次的斗杀是了解厦门黑幕的一个机会。

这几天都陪着雷公喝茶，听雷公讲述甘国宝提督的卓著战功，听雷公絮叨少年往事……

雷婆姓苏，是芦山堂传人。

芦山堂是北宋宰相苏颂开派的苏氏宗亲堂。苏颂是宋朝杰出的天文机械学家、医药学家、政治家、文学家，与王安石同科登第，官至尚书右仆射兼中书侍郎。他创造了世界上最早的天文钟"水运仪象台"，是一部集天体观测、天象演示、计时报时等功能于一体的天文台；编著的《本草图经》是上承隋唐下开元明的药物学巨著，是流传至今最早的绘图草药书，与他的《急备千金方》共同承载了医药学方面的突出成就。

芦山堂还是苏氏医药馆的堂号，代表着闽南一带最高的医药水平。

雷婆医术高超，为人和蔼，只是由于身为女儿家，所以没有坐堂问诊，但私下找她看病拿药的人还是络绎不绝。有雷婆出手救治，那受伤的女子就性命无忧了。

陈篮知道受伤女子苏醒后，还耐心地等待女子喝了一碗海鲜粥，恢复了一点之后，才进房间。

陈篮内心急切，又觉得不好意思，一脸讪讪。

罗兰知道这就是她的救命恩人，有心当面感谢，又因为女孩子的害羞而满脸赧然。

场面极其尴尬！

只能是雷婆来打破这种局面了！

雷婆："嗨嗨，篮哥儿。"

雷婆还在组织后面的词语。一个浑厚男声"欸"，一个柔弱的女声"欸"，同时响起。

两人一怔，又同时道："你也叫篮哥儿？""你也叫兰哥儿？"

陈篮道："我是个孤儿，我是装在菜篮子里面被师父捡到的，周边的村子都姓陈，师父帮我取了'陈篮'的名字，平常人们叫我'篮哥儿'。"

罗兰道："我名叫罗兰，因为经常女扮男装行走江湖，人们都叫我'兰哥儿'。"

一个尴尬的局面让两个"篮/兰哥儿"打破了。

陈篮和罗兰仔细交流了事件的过程，互相掌握了需要的信息。

……

几天后，一个雨过初晴的下午。

雷公厝前厅堂。

碧蓝的天空飘过几朵白云，斑驳的厝墙上爬满三角梅，开着鲜艳的紫红色花朵，庭前种着几盆下山兰，白色的兰花透出淡淡的幽香。

常年习武的罗兰恢复得很快，已经能够下地走路了。

罗兰今天换回了女装，长腿细腰，上身饱满，没有一丝赘肉，略微苍白的脸色掩盖不了三分英气的美丽。

陈篮穿着棉麻透气的短装，剑眉星目，狮鼻大耳，身材雄壮还极其协调。

雷公满脸沧桑，精神矍铄。

三人坐在竹凳子上，围着一个矮茶几，一碗三盏泡着闽南功夫茶。

微风袭来，享受着夏日难得的清凉。

雷公熟练地烧水、烫碗、洗盏、入茶、注水、出汤，再来个关公巡城、韩信点兵，三盏安溪铁观音茶成，茶香溢满厅堂。

陈篮轻啜一口茶汤，吸一丝空气打散汤水，让铁观音醇厚、浓郁的茶香溢满口腔，细细感受一番，再咽入喉中，一脸满足。

罗兰道："陈篮哥，那天你击杀黑旗帮的拳法，极为威猛，黑旗帮众人非死即伤。"

陈篮道："我使的是师父传授的虎尊拳，是模仿百兽之王老虎的动作编创的，还要配合沧浪劲的力道，才有击杀效果。"

"我师父说：'人生天地间，忽如远行客，凡事留一线，做事留三分。非穷凶极恶之辈，不可赶尽杀绝'。我那天使的是虎尊拳的'单机'，击其穴位，锁其关节，使其不能动弹，失去行动能力。"

"虎尊拳有'单机落，神仙跑不脱'的说法，不需要下重手。"

"这些人会大病一场，用伤药内服外敷，慢慢会好起来的，三五个月不能动武。"

又对罗兰说："罗兰妹子，那天我看到有本地黑衣会的人在附近游荡，应该是黑衣会的人给黑旗帮通风报信，要不然黑旗帮怎么会找到你？"

"等你身体好了，我们一起去探一探他们的老底。"

第九章 白鹭

厦门西南部，筼筜港，白鹭洲。

筼筜港岸边野竹丛生、沼泽遍布，港内海水浅、风浪小，是小型船舶、舢板、渔船的停靠港湾。

白鹭洲红树林密布，一只只白鹭张开硕大轻巧的翅膀，在空中自由自在地飞翔，向不远处的红树林上飞去，忽又旋回飞向水面，停在水草堆上，穿来往去。

筼筜港大船难至，白鹭洲地形复杂。

黑衣会总堂就设在白鹭洲上。

……

柳生小五郎独自喝着日本清酒。

他来厦门三年了，还是不习惯福建的红糟黄酒。

自从三年前竹节岛一战，他被甘国宝用熟铜锏拍入海中，凭着强悍的身体和娴熟的海上生存能力，在大海上漂泊了几天后，被路过的黑衣会商船救起。

柳生小五郎就跟随七爷到厦门，凭借高强的武功帮七爷做一些暗活，他还联络溃散的黑龙帮部众，与黑衣会联合走私鸦片、军火。

一年前，他知道甘国宝到厦门就任福建水师提督，萌生了刺杀甘国宝，报一锏之仇的想法。

他几次到水师提督府侦查，发现提督府戒备森严，凭他一个人难以刺杀甘国宝，公开挑战又没有机会。于是他暗中调集黑龙帮高手进入厦门岛，伺机截杀。

上个月，跟七爷到天后宫现场，差一点被甘国宝识破。

柳生小五郎相当纠结。

……

18世纪的海洋，是一个弱肉强食的地方。

没有《海洋法公约》的约束，海商和海盗像一枚硬币的两面，既属于同一个主体，又各有侧重。每一个海商都需要武装护航，遇到纠纷要靠武力解决问题；每一支海盗抢掠的货物都需要变现，还经常走私贩卖一些高利润的违禁物品。海商和海盗的身份会因为一些特殊的事件而发生转变，海商和海盗的性质因为个体诉求的不同而转换。

王添财原来就是一个带有海盗性质的海上商人，明面上是和气生财的商人，暗地里干着杀人越货的勾当。

王添财后来跟七爷一起做大生意，主要做陆地上的营生，明面上是一家洋行的老板，暗地里却是黑衣会的堂主，替七爷处理黑道上的事情。

白鹭洲，黑衣会总堂。

黄昏的空中偶见白鹭的低飞。

黑衣会帮众都集中在这里喝酒、赌钱，各种怒骂、吆喝、嬉笑，一片嘈杂。

王添财小眼睛透着凶残，端坐在太师椅上。

一个满脸横肉，后背纹着骷髅头刺青，膀大腰圆的大汉瓮声瓮气地对王添财说："大哥，这一年我们只是偷偷摸摸地做一些小生意，弟兄们都没了大进项，人心都不齐了。洋人的鸦片、军火也进不来，鸦片馆都没有存货了，夹带一点进来还不够卖。覆鼎山那一批人要的洋枪、火药也没有着落。下面那些肮脏货要造反啦，最近都压不住了。"

王添财道："添霸啊，你这厮杀货，仗着一身气力，就知道打架斗狠。你不知道多少弟兄折在甘国宝手上吗？现在甘国宝坐镇厦门，就在我们头顶上。你也不长点脑筋，现在不收敛一点，等着甘国宝收拾？"

"七爷正在想办法，让外面的货进来。你要想办法压一压下面的人，这时候不能乱来。"

心里喃喃："甘国宝都收了我们的钱了，应该会放一条路让我们走。"

……

罗兰伤愈后改扮男装和陈篮一起以兄弟相称，探查了黑衣会的几个据点。

这次他们有水师老兵和可靠乡亲的掩护，踪迹渺渺，变成他们在暗处，黑衣会在明处。

陈篮和罗兰也进一步加深了解。

陈篮说了很多他游历各地的逸闻趣事，每每引起罗兰的仰慕和惊叹。罗兰也了解到这位提督大人的徒弟为人正义，虽然外表粗豪，内心却是极其细腻。细微处的温暖荡起少女心中的一丝涟漪。

罗兰也介绍了南洋婆罗洲的情况。

南洋婆罗洲地域广大，有马辰、三发、南吧哇等地。早就有广东、福建的华人定居生活，最早的华人主要从事贸易活动。后来的华人也开展农业生产，主要种植水稻、甘蔗、胡椒等作物。近几年华人在婆罗洲发现了黄金和金刚石，引发各方势力争夺。

婆罗洲还没有统一，只有当地土著人零散的酋长、苏丹部落。西洋的荷兰、西班牙等国家的武装舰队也在侵占婆罗洲的土地，成立东印度公司，掠夺婆罗洲的利益。目前的婆罗洲正处土著、华人、洋人三方势力纠缠角逐的时期。罗氏家族在百演武发现了特大黄金矿，这次就是想来福建寻找合作伙伴，共同开发黄金矿的。

甜美的声音，轻柔的讲述，让陈篮体会到除了师父、师母、师兄、老兵的关心之外的另一种温柔。

今天他们来到刘记沙茶面，陈篮要把最好吃的与罗兰分享。

刘大热情地招呼陈篮到后厅就座。

老规矩，两个人，四碗沙茶面。

罗兰吃完一碗沙茶面，陈篮也吃完了两碗沙茶面。罗兰用手支着下巴，微笑地看着陈篮吃第三碗，心中默想："原来这个人吃面也这么顺眼。"

陈篮三碗面下肚，备感满足，笑着问："罗兰妹子，刘大的沙茶面好吃吗？"

罗兰真心道："没想到能在沙茶面里吃出人间美味！"

好吧，在吃食上的认同是长期友谊的最底层基础。

陈篮转着眼珠说道："黑衣会的几个据点都没有查到有用的线索。"

"看来，要到白鹭洲黑衣会总堂走一趟了。"

……

白鹭洲，夜深人静。

一艘舢板从暗处划过水面，驶过红树林的弯弯绕绕，在一偏僻处靠岸，两条人影迅捷无声地进入白鹭洲。

陈、罗二人互相策应着摸入黑衣会总堂。

二楼一间点着烛火的房间里，王添财、王添霸兄弟俩就着卤猪脚喝闷酒。兄弟俩趁着只有两个人的机会把一肚子的郁闷都发泄出来，把黑衣会、黑旗帮、黑龙帮等等的事从头到尾讲了个遍，也不防隔墙有耳。

隔墙真的有耳，陈篮猫身贴耳静静地听着。

突然一道凛冽的气息从侧面逼近，一束刀光拦腰劈来，陈篮熟铜锏一招“吕洞宾背剑”，“呛”的一声挡住刀光，侧身一步，再一招“夜探八方”迎向刀光，“呛，呛，呛”连响三声，两人各退一步。

柳生小五郎惊讶道：“甘国宝的熟铜锏，你是什么人？”

陈篮也道：“倭刀，哪来的日本浪人？”

柳生小五郎料想：“来人应该是甘国宝的徒弟，先击败他，收一点利息，再向甘国宝挑战。”

柳生刚柔流刀法展开，刀刀致命。

陈篮全然不惧，熟铜锏开路，大开大合。

两个人旗鼓相当，一时难分高下。

激烈的打斗惊动了黑衣会众人，栖息在红树林上的白鹭也受惊呱呱乱叫。

远处传来一长一短的两声鸣叫，陈篮知道是罗兰示警了。

陈篮一扑一退，哈哈大笑，纵身离开。

柳生小五郎拦住赶来的黑衣会众人：“别追了，那个人是高手，追了徒增伤亡。”

心中无限懊恼：“甘国宝的徒弟都打不过，还怎么向甘国宝报仇！”

第十章 霜降

八月二十四，寒露。

福建水师提督府，下午。

甘国宝提督正津津有味地听中军参将温泰汇报改善水师装备的事，还不时打断汇报，与温泰讨论一番。

断手亲兵近前，小声道："天后宫黄菜儿有急事向您报告。"

"哦，知道了。"

待与温泰讨论结束后，甘国宝来到侧厅。

黄菜儿告诉甘国宝："那一天看起来很危险的那个人是跟四海商行董老板一起的。"并说了几次看到的过程。

甘国宝脸色阴晴不定，喃喃："董据，董七，他想干什么？"

傍晚时分，甘国宝还在侧厅静坐。小徒弟陈篮通过后门来到侧厅。

听完陈篮这几个月调查的详细报告，甘国宝脸色大变，坐在椅子上手脚发抖，意识到问题的严重性。

这个夜晚，注定是个不眠之夜。

经过三天激烈的思想斗争，甘国宝有了决断，人也恢复了平静。

八月二十七晚上，甘国宝秘密召集苏世龙、温泰、陈篮等一众心腹将领和人员，商议了一整晚。

九月初二，上午。

甘国宝在提督衙门宣布："前日胞弟甘国臣专差驰报，父亲甘亨贵在原籍家中病重。奏请闽浙府衙杨廷璋总督同意，明日回乡探望父亲，所有提督印篆等项饬令中军参将温泰看管……"

……

九月初三，晚上。

海澄湾，四海酒楼。

二楼大厅只有一桌酒席，海参、鱼刺、鲍鱼、龙虾、青蟹、狗鲨、马鲛鱼、玳瑁石斑等等各种顶级海鲜轮番而上，每道菜品都做得细致精巧，色香味俱全。

一桌酒席，只有两位食客。一位是身材瘦削、三缕长须的漳州知府刘增，一位是四海商行董七爷。

酒过三巡，刘增道："七爷，我们很久没有一起喝酒了吧？"

董据从边上取来精美的盒子，打开盒盖，轻轻地推到刘增面前，道："刘大人，近日来了一颗南洋珠，请大人看一看成色。"

"听说甘国宝提督回乡探父，来来回回估计得要个把月吧？刚刚有人来报，甘国宝和他家人的海船已经过了惠安崇武海面，现在还是东南风，船只要回返也没那么容易了。"

刘增瞄了一眼盒子里的珠子，个大珠圆、珠体饱满、晶莹透亮，是一颗极品南洋珠。

刘增很满意，说道："这次提督大人父亲病重，回乡探望，是经过总督大人批准的，这事做不得假。提督大人委托中军参将温泰代管水师事宜。温泰是个老好人，只能管他中军的一亩三分地，管不到我漳州地头。"

董据身子向前靠了靠，低声说："那一万银圆甘国宝收下了。"

刘增："哦，难怪这次甘国宝离开厦门，可能是走得匆忙，水师都没有特别的布防。"

董据："再过一个月，就是西北风，南边的船就来不了了，我现在还有几艘南边的船没法过来。"

刘增："那就利用这次的机会，让你的船过来，就靠在海澄码头，这里都是我的人。"

……

甘国宝与家人、亲兵乘船回老家探望病重的父亲。海船乘着东南季风从厦门沙坡尾到莆田湄洲湾时，甘国宝与几个骨干亲兵秘密下船，乔装打扮后从陆路返回厦门。夫人廖雪娇带着亲眷和其他人员打着甘国宝水师提督的旗号继续乘船到福州马尾，再转为陆路到屏南老家。

甘国宝回到厦门几天了，就住在雷公雷婆的古厝里。

于是，退伍老兵拜访雷公的次数明显增加，当地村民外出活动的人员明显增加。这些都是再正常不过的日常活动，只是增加了外人感觉不到的频次而已。

雷公又回到还在军营当差时候的样子，和雷婆一起在厝里忙前忙后。

甘国宝恢复了睿智和平静，他密切关注着黑衣会、黑龙帮和黑旗帮的动向。他还考较了陈篮的游历，指点了罗兰的武功。他看出陈篮和罗兰之间的爱慕，根据陈篮的雄浑，罗兰的细巧，传授他们一套合击的武术“双机”。

……

九月初十，霜降。

雷公古厝，上午。

陈篮、罗兰陪着甘国宝一起喝茶。

甘国宝静静听着罗兰讲述南洋婆罗洲的故事，当听到华人站稳脚跟、取得成绩，他心情澎湃；当听到华人受人欺凌、内部争斗时，他义愤填膺。他深切地感受到海外华人需要祖国的支持，祖国的强大就是海外华人发展的保障。

甘国宝端起茶盏，轻啜一口，对陈篮说：“篮儿，等此番事了，你代为师到南洋去看一看。”

又对罗兰说：“罗兰姑娘，篮儿到南洋去就要你陪同了。”

这句话代表了长辈对他们的认可，罗兰羞红了脸，低头用蚊蚁般的声音“欸”了一声。

这时，有老兵进来报告：“东山岛传来信息，昨天晚上有两艘黑旗帮的海船在乌礁靠岸，黑衣会王添财带着一批人上了船，据内线说赖特去其他地方游历，郭婆带上一次办事不力，两人都不在船上。”

“根据时间推测，黑旗帮的海船今晚会到厦门。”

罗兰小声嘀咕：“这次便宜了他们。”

午后，又有人来报：“上午黑衣会分两拨去了海澄湾，中间有几个日本武士。”

……

海澄湾，晚上。

月疏星稀，浪平海静。

两艘海船乘着夜色缓缓地靠上海澄码头。

王添财站在船头，小眼睛四处乱转，对一侧说：“添霸，你带几个兄弟到岸上看一看。”

王添霸几个乘着小船，上码头看了一圈，回声：“码头上都没有人。”

这是与刘增约定好的，方便黑衣会行事。

于是海船抛锚卸货。

货物卸了一半，王添财向后面看了一眼，心道：“不对，后方怎么有大船驶来。”

再一看，脑子轰了一声，惊道：“温泰的水师中军舰队，没有调令，怎么能进入漳州的防区？”

这时，码头周边，火把亮起，一片白昼。

“完了，完了。”

水师中军舰队包围住黑旗帮海船，一时间，喊杀声四起。

陈篮手握熟铜锏迎头撞上身材高大的王添霸，王添霸也提着金背大刀砍向陈篮。

王添霸虽然一身力气，却没有陈篮的步法灵活、锏法娴熟，几招过后，王添霸就脚步凌乱，被陈篮一招“饿虎扑食”击中胸口，眼看不活。

陈篮站定大喊：“柳生，我是甘国宝徒弟，今天再来会一会你。”

柳生小五郎弃了对手，反握太刀，从远处奔来。

两人再次战到一处，斗在一起。

罗兰寻找不到王添财，也加入战团，与陈篮以“双机”合击柳生小五郎。

柳生小五郎独战陈篮，尚能不落下风，平分秋色。罗兰加入后，形势大变。往往陈篮熟铜锏旧招过后新招未出之时，罗兰的分水刺就刺到；柳生小五郎劈向罗兰的时候又是砍在陈篮的熟铜锏上……

陈篮熟铜锏雄浑无铸，罗兰分水刺得精巧细致，两人“双机”配合得浑圆无缺，攻则惊涛拍岸，守则密不透风。

柳生小五郎极其被动，十几招过后，被分水刺刺中承山穴，步伐踉跄，身形尽失，陈篮一招“老虎摆尾”熟铜锏砸到头上，脑浆迸裂。

王添财早就趁乱逃跑，他潜在不远处的红树林水下，但还是被报仇心切的罗兰找到。他欺负罗兰是女流之辈，提刀砍向罗兰，谁知陈篮就守在罗兰身边，熟铜锏磕飞大刀，分水刺穿入心脏，一命呜呼。

黑衣会和黑旗帮部众看见首领被杀，纷纷缴械投降。

……

董据还在湖里山屋内等信息。

苏世龙出现在门外，冷冷地说："七爷，别来无恙。"

董据原来也是凶悍之徒，现在养尊处优，早已没了血性。他趁着门口保镖阻拦苏世龙的机会，蹿出窗外。

待苏世龙解决了门口保镖，董据已经逃到远处的树林边。

苏世龙铁胎弓三箭连珠，前面两箭逼住左右，第三箭正中董据。

……

几天后，福建水师提督衙门。

甘国宝回顾了他在福建水师提督任上的事务：虽然勤勉任事，加强军备，勤于海上巡查，打击海盗，严查走私夹带。但是使用了四海商行的一万银圆，无意中纵容了黑衣会的盗匪行径，造成社会混乱，民生凋敝，实在是失于职守，愧对百姓！

甘国宝提笔上奏，向乾隆皇帝请罪。他详细叙述了事件的过程，最后写道："我明知有此陋规，还叫部属置办事项。我身为提督大员，因循陋例，只说帮补军备公用可无妨碍，又贪便宜，叫部属买办物件，是我武官糊涂。如今想来实与收受一样，我惭愧惶恐！实有负天恩，罪无可恕。求将我参革，从重治罪，我死也惭愧无地了。"

乾隆皇帝批示："福建厦门洋行陋规一案因系旧日相沿，事与婪索败检者不同。已降旨将甘国宝带领引见，仍加恩录用，降调云南开化镇，以观后效。"

甘国宝在赴云南开化之前，写下了："居官廉慎，尽心报国。"

第三部分

『陋规案』相关资料

甘国宝行状

■（清）蔡新

皇清赐进士出身、御前侍卫、诰授荣禄大夫、提督福建全省陆路军务加二级功加一级、显考和庵府君行状。

呜呼！先府君竟弃不孝维衡、维定、维荣、维清、维智、维善、维平等而长逝耶，不孝等罪戾深重，不自殒灭，祸延府君，以乾隆丙申年十一月二十五日酉时寿终泉州官署，距生于康熙己丑年五月十四日辰时，享寿六十有八。时不孝维衡、维定、维荣分宦陕西、直隶、广西，在署闻讣奔丧，自念存不能亲寝膳，病不能奉医药，殁不能视含殓，人子道亏，呼抢莫及。虽靦然视息，又何能执管为府君状。但府君以智略雄武之姿，上膺主知，由宿卫起家，历戎行四十余载。其间开府十闽，建牙七省，为万里干城之寄，其丰功伟绩彪炳人寰。而旄钺所临，无不沐其威德，倘国史下采，而家乘弗书，是重不孝罪也。爰忍须臾死，请之家慈刘夫人略述梗概焉。

府君号国宝，字继赵，别号和庵。先世自宋尚书讳季珊公居江右之丰城；至讳庆兰公迁浙东景宁县；明正统二年，讳细旷公始迁福建古田县龙漈下；族姓蕃衍，县人因名其地为甘溪。高祖讳文亮公，好施舍，曾祖讳元桂公，祖讳亨贵公，世有隐德。咸以府君恭遇覃恩，累赠如其官。祖母王太夫人初孕府君，感於菟之梦。府君生而歧嶷，体貌魁伟，读书颖悟异凡儿，年十四应文童试，屡夺郡邑前茅。雍正五年，兼应武童试入泮，己酉登贤书，癸丑会试第三名，殿试二甲八名进士，选侍卫。勤慎奉属东为入校冠，恩诏加一级。送世宗皇帝梓宫，复加一级。乾隆三年，领侍卫内大臣以府君才干优长，识见明彻，荐举引见，授广东右翼镇标中军游击。五年，署南雄副将。七年，署标后营参将兼署督标水师参将。两广总督马公、庆公暨历任提帅，俱以府君有大将才。八年，军政卓异，引见赐蟒，回任例应推升他省，庆公重府君才，特疏奏留肇庆水师参将。总督策公委署虎门香山副将。题署春江水师副将。十三年，引见称旨。十六年，特授湖广洞庭协水师副将。十七年，策公以才守兼优。

二十年，总督开公以驭兵有术、治无虚，先后入荐剡。奉特旨升授贵州威宁镇总兵官。二十一年，丁祖母王太夫人忧回籍。二十二年六月，奉旨署理山东兖州镇。行至福宁，复调补江南苏松镇。九月，又调补浙江温州镇。二十三年，又调补闽粤南澳镇。二十四年八月，又调补海坛镇。十一月，又调补台湾镇挂印。四年之中七奉恩纶，屡迁重地。而到台谢折，朱批有“此系第一要任，非他处可比”之语。

盖台孤悬海外，番汉错处，宵小最易潜踪，而生番争界豕突，每至杀人。府君既视事，即严疆界，谨斥堠，界禁民毋得闯入，番人咸詟其威，服其惠而不敢肆。岁一巡边，凡魅髻耳之徒跳舞欢迎恐后。及升任内地，百姓群致万民衣伞，父老有操舟送至鹿耳门而不忍去者。二十六年，莅福建全省水师提督任。府君谓僚属曰：“防陆者不可处于家，防海者不可处于陆。”时命分驾小舟，逻缉巨海，亲坐楼船督率之，虽风涛弗避，而鲸鲵之害息矣。入觐，奏对海疆情形，恩赐克食五次，赏戴花翎。回任恭逢覃恩，诰授荣禄大夫。

二十八年，丁先祖赠公忧，奔丧归里。二十九年因厦门陋规案，内部议革职发往辟展效力赎罪。奉上谕：相沿已久，与婪赃败检不同，到部之时，特旨召见，蒙恩录用，命署云南开化镇总兵，府君以父丧未阕奏，蒙旨温谕，以移孝作忠即赴新任。其时云南缅匪已潜萌跳梁，制府刘公谓永顺近缅，非府君莫能弹压。奏请调镇，而缅匪素耳府君威名勿敢动。三十年，奉旨调署广东雷琼镇，值黎番猖獗，杀掠崖州陵水、定安（在海南岛）二县。府君率舟卒趋五指山，轻骑直入，擒其酋，不损一兵，不折一卒，事闻，谕旨加级，复有台湾挂印之命。

台为府君旧治，风土民情素所熟悉，适有社民仇杀一家九命，而影托于生番者。府君访得其实，札府道呈咨督抚而置之法。六斗门居民苦于鼠窃，府君巡访缉窝董六而捕治之，自此贼盗屏迹，而村居无警。今大司寇余公陈臬闽中，时以生番杀掠东渡搜剿，府君力定善后事宜，为总巡、分巡、轮巡、会哨之法，兵安其伍、民乐其业，海外戴府君犹慈父母也。每修葺官舍，辄群效子来云。三十二年，奉旨补授广东提督，番氓思恋之情，较前之去任为尤甚也。三十三年，陛见召对者三，赐御书“福”字及珍物骈蕃，温旨细询并及家事。抵任后，偶染风寒，奏请解任。朱批驰询眷念，府君感激涕零，力疾视事，护送经过剿缅福建水师兵。市廛不惊，亲挑赴滇马匹，悉属肥壮，皆其平日纪律森严，攻考精详所由验也。

三十四年，调补福建全省陆路提督。三十六年，奸民王天送于漳泉交界之覆鼎山竖旗为匪，府君闻知，选折冲之士，星驰全捕其党，无遁逃者。具折驰奏，蒙旨褒嘉。四十一年，奏请陛见，叠蒙召对赐食，自陈衰老乞休，上谓府君“尚强健，正堪依赖”。其时不孝维衡、维定、维荣皆在都，视膳行馆，府君庭训不孝等以“居官廉慎，尽心报国，勿坠家声”。不孝等见府君精神矍铄、举止如常，共相喜慰。闻回任后出巡上游，自觉气力顿减，面制府官保钟公代奏，钟公知圣眷方隆，未便陈乞。府君感于主恩，竭力报效以尽余年。岂料旋署未几，忽染痰疾，医药罔效，竟至不起耶。呜呼痛哉！

府君居家，事祖父暨祖母，爱敬备至，视膳问寝，未命之退不敢退，居丧哀毁骨立，事庶母如生母。兄弟三人，敦令原之谊。与人交不设城府，性骨鲠，未尝有所干求。在侍卫时常分廉俸以济同官之乏。生平乐善好施，于古田则倡修汤寿桥、朝天桥。于厦门则倡建天后宫。于泉州则倡修元妙观。其余施棺舍药，葬无嗣之兵，返没戍之骨。刊书劝善，播方已疾，凡所至之处，无有不用其心者。历官虽右职，而念切民瘼。南澳四面环海，山多田少，府君在任适岁歉，捐俸凭舟采运谷石，兵民以济。广东惠州大水，设厂给粥，水退米贵，劝民平粜，而惠州无饥。泉州雨泽衍期，偕文武僚属步祷，甘澍立降，郡绅士兵为诗歌纪其事。

府君虽总师干，雅好文墨，在台常作《纪典》，以补府志所未及。历任下车，必访其地之智名士而尊礼之。铃辕余暇，则轻裘缓带，雅歌投壶。尤长指头画，酒酣耳热，顾曲泼墨，名士在座分韵诗，有祭征虏、羊太傅、庾征西之风。

府君尝自言：“吾为官虽不敢莫视民事，而总不欲干预词讼，而侵文武之权。吾治兵虽不过于苛责，而常恐其偶骄纵骜悍，以得罪于郡邑士大夫。”是以府君历任和衷，兵民辑睦，未尝有以事相攻讦者。府君之殁，冠绅来吊者涕泣号啕，士叹于庠，民哭于市，竟勒丰碑以纪德。而六营十郡将裨兵吏目且建祠祝焉。府君生平以一介，叨受圣主特达之恩，历授封疆重任，洁己奉公，时惧陨越，弥留之际，犹以君恩未报为憾。捐馆日，囊不留一钱，此中军以下暨六营将士所共见闻者。古所谓廪无余粟，库无余财，若府君者可无愧矣。

府君娶吾母何太君，诰封正一品夫人。继娶母刘太君，例封正一品夫人。庶母张氏、陈氏、宋氏、许氏。生子七：长不孝维衡，陕西候补布政司库大使，现署商州州同，娶蓝氏，候邑庠生讳宗贤公长女；次不孝维定，分发直棣，候补州吏目，娶汪氏，原任云南恩安县知县讳任公次女；俱刘夫人出。三不孝维荣，现任广西郁林营守备，娶王氏，国学生讳廷对公三女；庶母张氏出。四不孝维清，幼，聘沈氏，原刑部郎中名澍公女；庶母陈氏出。五不孝维智，幼，聘林氏，庚午科举人现任浙江定海镇总兵名云公长女；六不孝维善，幼，聘沈氏，候补郡司马名漳公女；俱庶母宋氏出。七不孝维平，幼，聘林氏，己未科进士原广西藤县知县名学鸣公五女；庶母许氏出。女七：长适原广东督标营守府郑讳得胜公长男名杰，何夫人出；次适原广东海口协副将苏讳福公五男名学瞻。三适己酉癸丑乡会试同榜原广东右翼镇标守府翁讳国安公长男名鸣竹；四适国学生陈讳宇梁公次男邑庠生名映斗；俱庶母张氏出。五适岁贡生邹名澄公次男名宗泗；刘夫人出。六幼，受聘晋封奉直大夫刘讳天栋公四男名朝宁；庶母陈氏出。七幼，受聘州司马谢讳希舜公三男名庭堂；庶母许氏出。孙男九：长名长森，聘刘氏，候选直棣州司马名朝震公次女。余俱幼未定聘。孙女五：长受聘国学生陈名晖吉公长男名廷杰；次孙女受聘岁贡生敕封儒林郎即用直棣分州潘名文起公男名振声；岁贡生敕授儒林郎即用直棣分州次孙男名朝紫。余俱幼未受聘。不孝兄弟苫块余生，精魂丧失，俯伏哀鸣，语无伦次，为府君状，挂一漏百，伏望当道大人、缙绅先生锡之兖言，用光泉壤。不孝等感且不朽。

母命称哀

不孝孤哀子甘维衡、定、荣、清、智、善、平

泣血稽颡

齐期孙长森、焱、轰、奇、洲、德、明、采、焕

仝稽首

赐进士出身，经筵讲官兵部尚书兼管国子监事务加四级姻家眷弟蔡新顿首拜填讳

护国爱民良将——甘国宝

■ 苏旭东

甘国宝（1709—1776年），字继赵，号和庵，祖籍屏南漈下，出生于古田县二十六都（今屏南县小梨洋村）。清代名将，一生戎马倥偬四十余载，不但治军严谨、戍边尽责、守土有方，且体恤兵民、热心公益、多才多艺。

依据《甘国宝行状》记述：其母怀孕时曾经梦见老虎。而《福建通志》亦有“相传甘国宝未达时，里有见猛虎当门伏卧者，迫视之乃国宝也”的记载。甘国宝自幼聪颖好学，读书颖悟尤过于他人，十四岁起参加文童县试，名列全县第一。邻村恶少因嫉妒而时常欺侮甘国宝，甘国宝愤而投拜武举人林殿魁门下学习武艺，由于他天生禀赋，又能勤学苦练，武艺精进很快，而且箭法超群。雍正七年（1729年）中武举人。雍正十一年（1733年）中武进士，会试第三名，殿试二甲八名，选授三等侍卫。乾隆三年（1738年），领侍卫内大臣以甘国宝“才干优长，识见明彻”而举荐，授广东游击。乾隆五年至十六年（1740—1751年），历任广东南雄副将、肇庆水师参将、虎门香山副将、春江水师副将、洞庭水师副将。乾隆二十年至二十四年（1755—1759年），相继出任贵州威宁、江南苏松、浙江温州、闽粤南澳、福建海坛等地总兵。

乾隆二十四年(1759年)十月，甘国宝任台湾总兵，皇帝御批“此系第一要任，非他处可比”。此时清政府收抚台湾郑氏政权不久，西方殖民国家对台湾皆有觊觎之心，岛内情况复杂，非才干优良、识见明彻者不能任之，可见朝廷对甘国宝至为信任倚重。甘国宝就职后为提高官兵素质，于府城总镇署亲书“益求堂”，用以加强教练，惕励士卒；甘国宝把祖国大陆的先进文化和农耕技术传播到群众中去，教民“明礼义，务耕耘”，主动配合当地政府开办“义学”，提高台湾居民的文化素质和科学技术水平；甘国宝采取“严疆界、谨斥堠”的治理措施，加强巡查，严禁汉人侵入少数民族地区，促进迁台居民与当地土著民族的和睦团结，使“兵安其伍，民安其业”，并同时防范海盗入侵，巩固国防，绥靖地方，维护海岛安宁，巩固清朝对台湾的统治。

乾隆二十六年（1761 年），甘国宝擢升为福建水师提督。离台时，当地百姓送万民伞、万民旗，同舟送行到鹿耳门，不忍分手。甘国宝勤于防务，他告诫僚属："防陆者不可处于家，防海者不可处于陆。"经常坐楼船率小艇沿海巡逻，使海疆日趋稳定。高宗嘉其功绩，诰授荣禄大夫。

乾隆二十八年（1763 年），甘父逝世，甘国宝回乡丁忧。[1]乾隆二十九年（1764 年）六月，黄士简参劾厦门陋规案：以厦门洋船出入，官署受陋规，总督每年受银一万两，巡抚八千两。甘国宝因任福建水师提督，驻节厦门，身任朝廷重寄，有知情不报之失，受到部议革职处分。高宗皇帝嘉许甘国宝忠贞不阿，谕以"相沿已久，与婪贼败检不同"，特别予以召见，降调云南开化镇总兵。时有缅甸匪徒蠢动，总督刘藻以永顺接近缅甸，乃奏请调甘国宝镇守永顺，缅甸匪徒闻悉甘国宝威名，果然不敢轻举妄动。三十年（1765 年），谕旨调甘国宝为广东雷琼镇（今属海南）总兵，甘国宝到任前即有黎人猖獗，杀掠崖州陵水与琼州定安二县。甘国宝就任后，亲自率领士卒轻骑直入黎区，擒获黎首，不损一兵，不折一卒，平息了事态。[2]

乾隆三十一年（1766 年），甘国宝复调台湾任挂印总兵，台湾百姓箪食壶浆，夹道欢迎。时有一社民杀了一家九命，嫁祸到生番（少数民族）头上，甘国宝通过明察暗访，辨明案情，将真凶绳之以法，既维护了社会安定稳定，又保护了少数民族。其间有台湾六斗门盗匪董六为患，到处奸杀掳掠，危害乡民，甘国宝即调派中军游击一员及步战士兵两百名，亲自坐镇六斗门营汛，查知附匪中大多迫于生计，因而采用剿抚并施之策，通过攻心战术，瓦解匪帮，擒获匪首董六，很快就肃清了六斗门匪乱。为使地方不再有匪类为患，乃召集地方乡绅，建立总巡、分巡、轮巡、会哨等巡查自卫制度，防止匪盗侵害，使台湾"盗敛迹、民居无警，兵民安揖"，海岛一度安定。[3]

乾隆三十二年（1767 年），升任广东提督。他到广东上任后，忠于职守，对绥靖地方贡献至多，令人仍在思恋。次年，乾隆帝再次召见，三次问对，并细询家事，御赐亲手书“福”字及其他珍贵物品。

乾隆三十四年（1769年），补授福建陆路提督。时有王天送在漳泉交界覆鼎山竖旗为匪，甘国宝挑选忠勇士兵，连夜赶往覆鼎山围捕，王天送暨其党羽全数被捕，无一逃遁。乾隆闻悉，谕旨褒奖有嘉。

乾隆四十一年（1776年），甘国宝自感受年老体衰，奏请陛见，要求准予解甲归里养志，乾隆帝召见并加封赐食，谕慰：“尚强健，正堪依赖。”可见其受到朝廷的倚重。回福建后，国宝奉命出巡福建八府，途经泉州时，因病不治而逝，终年68岁，葬于福州北关外猫儿山。国宝卒后，六营十郡将士思慕其恩德，台湾百姓敬仰其政绩，均建祠设祀。福州府一带将其事迹编成戏剧、小说，妇孺皆知，家喻户晓。[4][5]

国宝除操心军务之外，还关心民瘼，经常深入基层察访民情，关注民生。南澳歉收，他捐俸租赁船只到外地采购米谷，济助民众，充当兵粮。广东惠州大水，设厂给粥，水退米贵，劝导民众平粜。福建泉州干旱，虔诚祈祷，获降甘霖，地方绅士作诗歌纪其事。在古田倡修汤寿桥、朝天桥。在厦门倡建天后宫。在泉州倡修元妙观。其余施棺舍药，埋葬无嗣兵士，将死亡在戍所的兵士骸骨，送回其家乡安葬。同时刊印劝善，传播秘方，所到之处，无不是尽心尽力。甘国宝治军严明，队伍所过之处，不惊动市井，不扰乱民众。领军尤能身先士卒、巡视边防、深入贼穴。所到之处也必能探访明智之士。暇时轻装素服，与地方人士唱歌、饮酒，谈论地方各事项。国宝居家时事亲至孝，亲膳问寝，父母未命退，不敢擅退，奉庶母如生母。兄弟友爱，情笃谊深。与人交往胸怀坦荡不设城府，平时乐善好施。他在京城担任侍卫时，常常将自己的俸禄济助同僚。国宝一生耿介，洁己奉公。弥留时，不留一钱。所谓“廪无余粟，库无余财”。真可说是无愧天地！

国宝虽为武将，却雅好文墨，擅绘山水画，尤工于指画。福建通志记载“善画虎，能传威鸷神”[6]，所画“指虎”形态各异，有走虎、伏虎、卧虎、蹲虎、上山虎、下山虎，都能“传其威鸷之神”，栩栩如生。其画幅常署“指头生活”，其作品被人珍藏至今。[7]

甘国宝虽生逢“康乾盛世”，但也遇多事之秋，他一生转战南北十个省份，屡立战功，深得乾隆帝赏识，视为心腹栋梁，曾多次召见、嘉勉、褒奖。甘国宝两度出任台湾挂印总兵，因治台有方，注意搞好汉族与高山族之间的民族关系，深得军民爱戴，至今仍将其祀于忠烈祠中。如今国宝故里屏南甘棠乡小梨洋村尚保存有其故居，2001 年屏南县人民政府公布为县级文物保护单位。国宝祖居地屏南漈下的甘氏宗祠内也存有乾隆三十三年（1768 年）予以嘉奖之御书“福”字竖匾。2003 年 8 月“福建省历史名人研究会甘国宝分会”成立。2006年8月由甘景山主编的《清代戍台名将甘国宝》一书出版。

参考文献

[1] 屏南县志 [M]. 北京：方志出版社，1999.

[2] 屏南甘棠甘氏族谱 [Z].

[3] 福建省通志 [M]. 福州：古旧书店，1938.

[4] 蔡新 . 清代戍台名将甘国宝——甘国宝行状 [M]. 北京：中国文史出版社，2006.

[5] 魏永竹 . 清代戍台名将甘国宝——两任台湾挂印总兵甘国宝 [M]. 北京：中国文史出版社，2006.

[6] 陈俊孙 . 甘国宝任职考略 [N]. 鸳鸯溪乡讯，2004-7-6.

[7] 古田县志 [M]. 北京：中华书局，1997.

厦门陋规案始末

■ 魏永竹

一、前言

甘国宝，字继赵，号和庵。清康熙四十八年（1709年）出生于福建福州府古田县北乡十三都，现属屏南县甘棠乡小黎祥村，史载：甘国宝为古田人，也为屏南人。

甘国宝以武进士出身，选授三等侍卫。继从游击起家，历官参将、副将、总兵、提督，诰授荣禄大夫。其一生戎马，建牙福建、台湾、广东、贵州、云南、江苏、浙江七省。为官清正，重视民事，治兵尤为严明，他历任每能衷兵民，辑睦相事，负责尽职，卓有贡献。[1] 不意于乾隆二十九年三月因厦门水师提督衙门所辖各汛于各商行为求行船方便，并顾念水师衙六将弁的辛劳，自动提供补助饭食和公务支用[2]。以及地方官为示好上级，以官价购买给付，形成贴垫等现象，成为行之有年的旧习与陋规[3]，被举发总督收受一万、巡抚收受八千之嫌[4]。甘国宝时为福建水师提督，驻节厦门。虽丁忧回乡服丧[5]，也被列为调查对象[6]。

笔者因研究甘国宝其人其事，搜集本案相关档案资料，详加研阅，撰成此文，略述本案之举发、案情概要、调查经过及处理情形，并试图透过本案中甘国宝涉入情节，及面对调查时的态度，以供对本案及甘国宝其人有兴趣之读者参阅。敬盼学者、专家不吝指正。

二、本案的举发

乾隆二十八年八月福建水师提督甘国宝因丁忧，请假回籍服丧，所遗职务由广东提督黄仕简接篆[7]。黄仕简到任不久，于乾隆二十九年三月为厦门商船云集，相沿索取陋规，每船发边银一千五百圆至数千圆不等：督、抚、将军、提督及道、府、县、中军等文武各官都有收受。并以参将温泰开列总督每年收受一万、巡抚每年收受八千情事，据以奏报朝廷[8]，其在《高宗纯乾隆皇帝实录·卷七百六·乾隆二十九年三月甲寅（初三日）》即记有“福建水师提督一等海澄公黄仕简奏：厦门为商船云集澳区，惟恐匪徒出没滋事，及夹带禁物，透漏课税，因设立关部稽查，同知查覆，并论派武职巡逻，防范已极严密。乃臣留心察访，知该关于进出各船，不居内地外洋，每船勒取番银陋规多寡不拘，文武衙门，朋分收受，应请简派大员赴闽清查”。高宗闻奏嘉悦，认为黄仕简可谓知恩，并自认是知人。[9] 对本案也极为重视，随即论命尚书舒赫德、侍郎裘曰修为钦差，前往福建查辨。[10] 多年陋规之案，于是喧嚣尘上，惊动朝野。

三、案情概要

（一）陋规由来

厦门本为船舶辐辏之区。福建水师提督衙门，所辖厦门及各汛近海，为商船出入必经之处，亦为各船厂对各型船只所需木材，从海外输入必经之地。乾隆二十六年以前，各商船所棣洋行为求货物进出方便，并为顾念将弁辛劳，开始时由行户暗中补贴，当时地方官并无竟收银两之事，各行亦无登记簿籍[11]。日久便自订行规，乃有自动缴送款项，而各汛将弁为改善膳食办公等项目，也自然加以收受，如此行之多年，遂成惯例。这种惯例，该商等本来是出于情愿，只因日久弊生。尤自乾隆二十六年十月各行进而私议“定有数目”以后，不肖官吏竞明提入署侵渔之外，又另于办公等类另加赔贴，其间厦防同知刘增因对所属未能饬禁，致被参议。以致各行垫用日增日甚，其流弊也越来越多。经查每船有一千五百圆或数千圆，及大小乡船二千余只，每只两圆或半圆等不等情形。[12] 这些情形，遂成一种陋规。

这种陋规成为水师衙门及所隶各汛收受款项的事实，其多寡端视官吏职级，以及其经管业务与商船出入的关联程度而异。

（二）贴补官价

素来地方官员为向朝廷致敬邀宠，每每贡上当地土产，日久便在方物之外，包括珍珠、人参、呢羽等贵重物品。[13] 这种情形早在前朝就已发生，世宗宪皇帝曾于雍正十三年下令劝止。[14] 及至厦门陋规案发后，经查出在乾隆二十六年十月以前，各商船行户曾经代官买物，垫发官价以外差额，时各官员无收受银两之事。乾隆二十六年十月以后，道厅各员，既收用随规银两，又买物令洋行垫价等情。而这些物件之采购，又多委由属员代办，代为置买之属员要设法贴补，依然转嫁于各商船洋行。[15] 如此寝假成为一种陈年陋规。

四、调查经过

（一）高宗指示查办重点

乾隆对于提督黄仕简依据参将温泰所列，总督每年收受一万、巡抚每年收受八千之奏，甚表骇异。乃谕令舒赫德、裘曰修二人赴闽调查务期要了解所谓一万八千之数，其真实性到底如何。孰知舒赫德等节次奏报，辄从衙门底薄将属员代买物件节追查。乾隆认为舒赫德等所办未得切（窾）要，乃节经降旨诘究，要彻底了解整个陋规案情。这才获悉其所谓一万八千之数，原来是子虚乌有，至贴补公用及贴垫价差又为陈年旧习[16]，于是真相大白。

（二）甘国宝自述

陋规案于乾隆二十九年三月被举发时，甘国宝已于二十八年八月因丁忧回籍服丧。据其在籍供称“前在水师提督任内，到任一个月后，即有中军参将及大胆等汛委并缴陋规，每月多寡不等，也不知起于何时？中军衙门系参将自收，大胆、厦港两汛，系参将、守备、千总、把总按月巡查，平均劳役，除各该营汛公费饭食外，缴回提督十分之四，作为犒赏等项公用。前后提用三千三百圆。又令标下将弁置买物件，垫用三千九百余圆”[17] 等情。甘国宝据实陈述，毫无掩饰。不过舒赫德等则认为甘国宝虽为公用或系将弁代买物件，垫贴不敷。但以公用无案据可凭，贴垫又明知陋规，乃据以请旨革职，交部议罪。[18]

（三）舒赫德、裘曰修的查报

乾隆二十九年三月，舒赫德、裘曰修二人奉旨到福建，经就询甘国宝供认其提用陋规银共计七千二百圆外，并直向有关单位及个人调查发现，厦门洋行陋规相沿是因洋船商贩为求出洋贸易方便，对衙门各项公事添用及胥吏笔纸、饭食等费用，均出于自愿捐献。每岁督、抚、将军代办贡物与贴办船厂所需，也都乐于代办，甘心情愿，但以日久遂生弊端。乾隆二十六年以后，不肖文武官员，更在明提入署侵渔之外，又令各类另加赔贴，借端肯勒。经彻查发现种种弊端，尤其要者如下：[19]

1. 厦门文员道、厅，每年收受约为七千圆，以所修船数多寡，前后通融应用。厦防同知每月六百圆。同安县每月三百圆。[20]

2. 同知衙门官吏家人，对各项乡船出入陋规，每年约共四千余圆，内中间知自得一千八九百圆。[21]

3. 厦门同知程霖及其家人洪天祥，于任内受洋行陋规银二千六百四十圆、乡船陋规银六百一十圆。拖欠洋行货价一千五百九十圆，赊取燕窝八十匣，转卖给浙江监道张琦，得银七百二十两。此外二次预借洋行陋规银一千圆，预借各船行陋规银三千五百圆。[22]

4. 兴泉永道谭尚忠，在署同知任内两个月，用过洋行陋规银一千二百圆及乡船陋规银三百三十圆，共用过陋规银一千五百三十圆，及未发洋行物价银三百零八圆。[23]

5. 漳州知府刘增，前在厦防同知任内一年八个月，未能饬禁自定陋规数月，后又收用洋行陋规银六千圆及乡船陋规银四千圆。又置买洋行货物垫用陋规银四千一百圆。刘增家人又分用洋行银二千圆。[24]

6. 泉州知府怀荫布，署厦防同知四个月，用过洋行陋规银二千四百圆，及乡船陋规银六百圆，共三千圆。又修理育婴堂、修志书等，用过陋规银一千五百余圆，无册核销。[25]

7. 同安县知县李逢年在任十一个月，收用洋行陋规银三千三百圆。[26]

8. 之前各任提督马龙图，以及参将温泰、姚应梦、黄居正等虽多少有收受，但均已身故，应毋庸议外，尚有汛委按月轮换，四分为提督留用，余数为该汛弁兵纸笔、饭食之需，人多数少，拟议不予查处分。[27]

9. 洋船出入，例应关役查验，每船需时十余日，始能查完，洋行备办饭食，每年约需银二千余两，是以有海关六千圆之数。又大小二千余艘乡船提供给海关书役一百六十余人纸笔饭食等陋规银一千余圆[28]，少许微细应无庸议之处外，余均按情节交吏部核议施行。

（四）传旨原任福州将军据实奏报

高宗对厦门陋规案极为重视，除旨派舒赫德、裘曰修二人到福建彻查外，也于乾隆二十九年三月甲戌传旨原任福州将军杨应琚、福增格二人，据实具奏。旋据杨应琚覆奏："伊在闽年余，实无其事。"[29]而福增格的奏折则称："进口出口船只，向有汛地兵役巡哨人等挂号纸钱各费，尚有相习未尽之陋规。此外，尚无发现抑勒侵份之情事等语。"[30]

（五）查系子虚乌有

陋规案经乾隆皇帝数次下旨彻查，确认为陈年旧习与一种陋规[31]。对总督每年一万、巡抚每年八千之说，更是子虚乌有[32]。到此可谓真相大白，对涉案被议官员，当有一番脱罪之词。

五、处理情形

（一）谕令调查

厦门陋规案，乾隆皇帝依据提督黄仕简的奏报，即谕令舒赫德、裘曰修二人兼程前往福建实地查访，并按调查情形，节次具折奏陈。乾隆对所奏，只是衙门帐内指向有关单位及个人调查，甚是不满，认为查案未得窍要，没有针对总兵一万、巡抚八千之疑，进行追查，所以一再指令要对一万、八千之事究诘根由，以明白真相。所以当时并无吏（兵）部的奏效。及至下令彻查结果，确认所谓总督一万、巡抚八千之说纯属子虚乌有，而代买物件，也仅是陈年陋规。因关本案官员除已故之马龙图、温泰、姚应梦、黄居正等毋庸追究。其余刘增一人，因自订陋规，未能饬禁，核予发往辟展效力赎罪外，全案甘国宝与程霖、谭尚忠、怀荫布、李逢年等引见另用[33]，均予从宽处理。

（二）裁革陋规

厦门陋规案几经舒赫德等悉心体察，并采访各方意见，厦门文武衙门书役兵丁等所需纸笔饭食费用，向航户分别酌给，总数虽然不少，但分开取用也就不多。今若概行禁革，贪猾吏胥者虽不敢明目求索，而转为暗中掠勒，托故刁难，如果地方官员偶然疏于稽察，则各该商行户将受累更重。所以舒赫德等奏请，建议将此项收受银两订立章程，将应行裁减的明予删除，应行保留的加以限制，使各项有一定数目，其中定以对折或数折等可供永远遵守，以杜需索掠勒之源，对于海疆政治似有裨益。[34]

（三）从宽处理

厦门陋规案，经舒赫德等十个多月的查究，属陈年旧习、历史共业所形成的一种陋规。尤对黄仕简所参总督年收一万、巡抚年收八千之说，更是毫无实据，子虚乌有，且此等添价垫买之陋习，亦非仅福建一省所有，只是其他省份未经发觉而已！至此全案除刘增一人被议处，乾隆原情甄别皆以从宽处理。对所涉官员均发往辟展效力赎罪，并予召见录用。甘国宝就因特旨召见，蒙恩录用，命署云南开化镇总兵[35]，大小官员也都准此处理。这一轰动一时的陋规案便到此消意。

本案至此，乾隆为平息众怨，遂将率意举报的提督黄仕简调离福建，回任广东提督，也算是免除黄仕简再受福建官员指摘的一种作法。[36]

六、从本案看甘国宝

（一）态度坦然，清楚交代

陋规案被举发后，乾隆谕令调查时，甘国宝面对钦差，毫无保留，坦然叙述，将过程交代得清清楚楚，自己提用多少，要属下买办物件，以官价给发，致使属员垫付等情形，毫无隐瞒，将过程一一说明清楚，表现出他坦荡的君子胸怀。[37]

（二）深有悔意，自请治罪

陋规案爆发后，甘国宝除坦然面对调查外，深悔对不起重用他的乾隆皇帝，也愧对他的部属。他在自述中说：“我明知有此陋规，叫属员置买物件，止发官价，致他们将陋规贴垫，我如今也无言与他们辩证。我身为提督大员，因循陋例，只说帮补公用可无妨碍，又贪便宜，叫属员买办物件，致他们将陋规贴垫，是我武官糊涂。如今想来实与收受一样，我惭愧惶恐！实有负天恩，罪无可恕。求将我参革，从重治罪，我死也惭愧无地了。还有什么说处？”[38]其真诚感悔认错的态度，莫不使人同情，

（三）本性纯良的明证

甘国宝以文童试列名前茅。十九岁应武童试入泮，二十一岁级中试。二十五岁殿试二甲进士，选侍卫，历官游击、参将、副将、总兵，一生赤胆忠诚，奉公守法，严以律己，宽厚待人，不虚伪，不贪功，不凌过，不造作，不投机，不取巧，这正是甘国宝人格的特质。故能“施棺舍药，葬无嗣之兵，返没戍之骨，刊书劝善，播方已疾，每到之处，无不用其心。”[39]

七、结语

甘国宝以宿卫起家，戎行期间，开府十闽，建牙七省，一生赤胆忠诚，负责尽职，为万里干城之寄，其丰功伟绩，全凭实干苦干中来，其于秉钺扬旌之处，每能海疆巩固，四海效顺，台人称颂慈父也，[40]所以恩纶屡沛。乾隆不以厦门陋规案之小瑕而掩瑜，其降调正是受历史共业的影响与通案的牵累，果而镇兵开化之后不久，复有台湾挂总兵之命，续又升任广东提督。

有识者更认为由于甘因宝的真诚与正派，使他受乾隆的宠眷不受太大的影响，仍然降旨带领引见，并加恩录用；也使同案的文职谭尚忠、怀荫布、李逢年等官员因“事同一体，比照降旨带领引见，减轻刑责，从轻处理，免受议处”。[41]

注释：

[1]（清）蔡新：《甘国宝行状》。

[2]《乾隆二十九年六月十三日舒赫德、裘曰修奏折》。

[3]《世宗宪雍正皇帝实录》卷一五七。

[4]《乾隆二十九年甲申七月初三日大学士傅恒、刘统勋奉谕旨》。

[5]《乾隆二十入八年九月二十四日，福建水师提督甘国宝奏折》。

[6] 同注 [2]、注 [3]。

[7] 同注 [5]。

[8] 同注 [4]。

[9]《高宗纯乾隆皇帝实录》卷七〇六。

[10] 同注 [4]、注 [8]。

[11] 同注 [2]。

[12] 同注 [11]。

[13] 同注 [4]、注 [10]。

[14] 同注 [3]。

[15] 同注 [4]、注 [10]。

[16] 同注 [2]、注 [4]。

[17] 同注 [2]。

[18] 同注 [2]。

[19] 同注 [2]。

[20] 同注 [19]。

[21] 同注 [19]。

[22] 同注 [19]。

[23] 同注 [19]。

[24] 同注 [19]。

[25] 同注 [19]。

[26] 同注 [19]。

[27] 同注 [19]。

[28] 同注 [19]。

[29]《高宗纯乾隆皇帝实录》卷七〇七。

[30] 同注 [29]。

[31] 同注 [4]。《乾隆二十九年七月初三日乾隆朝起居注》。

[32] 乾隆二十九年五月二十三日“乾隆朝起居注”《高宗纯乾隆皇帝实录》卷七百十四。

[33] 同注 [4]、注 [8]。

[34] 乾隆二十九年六月十三日臣舒赫德袭曰修覆奏：“臣等悉心体察，采访讨论，厦门文武衙门书役兵丁纸书饭食之费，向系船户分别酌给，以资公用。合则见多，分则无几。今若概行禁革，贪猾吏胥不敢明向求索，而借端捎勒，迁故留难，地方官稽察偶疏，该高等转受重累。似不若将此项银两立定章程，应裁灭者明与刷除，应存留者示以限制，使各项均有定数，俾可永远遵守，方不致别滋弊实。谨详细逐一斟酌，如洋行底账内开为督、抚办燕窝银四千圆，又办广货银四千圆，为将军办燕窝银六千圆，共一万四千圆。查阅省果品万贯，例于海关盈余内拨给总督一千九百两，巡抚一千九百两，置办进贡鲜果等物，燕窝呢羽亦属方物，每年总督例贯燕窝三十斤，巡抚二十斤，将军五十斤，共一百斤。系用上顶燕窝一百五十斤，挑选做成一百斤，连工约共须银二千五百余两。大呢一百文，约银一千二百两，羽缎羽纱一百丈，约

银八百两，共约银二千两内处。燕窝、呢羽二项约共需银四千五百余两，共约折银六七千圆。今拟将洋行底账内所开办买燕窝等项银一万四千圆，裁革七千圆，存留七千圆，即令洋行选做燕窝一百斤，并大呢一百丈，羽缎五十丈，羽纱五十丈，交厦门同知仍照向来年买颜数分送督、抚、将军各衙门于入贡方物时附近，又如底账内关于泉道厂用银七千圆，查二十七八两年，泉厂共修战船二十四只，洋行垫用银九千八百余圆，每年该厂所修战船多少不等，今拟战划三千圆，得留四千圆，以为洋船代办桅柁等料之用，遇应修船少之年，即将盈余存留为船多之年添用，承修官仍将实用实存数目报明本省督、抚、藩司查考，官吏如有侵隐，按律治罪，又如底账内开武职衙门银四千五百圆，查提标中军参衡门及大担、厦港等汛洋船陋规向系四分缴送提督，六分营汛自用，咨据提督黄仕简力覆称，守口需用纸笔，雇请书写人役及走差船只伙食帮贴等项，均属地方公务。今拟将缴送提督之四分，全行裁革。参将衙门照来数目存留十分之三，各汛照向来数目存留十分之五，约计每年裁革银二千五百圆，存留银二千圆，以为营汛公货及巡防弁兵纸笔、饭食之需，按月将实收实用数目报明提督查考，若于数外多索，即严行究治，又底账内开庆防同知每月银六百圆，查该同知衙门只有辨理查验洋船等事之书明役纸笔、饭食是所必须，此外并无别项公用。今拟每月裁革银五百圆，共裁银六千圆，只存留银每月一百圆，以为书役用费，该同知如因裁革陋规或有借端肯勒商人情事，即严行论处。又底账内开同安县每月银三百圆，共银三千六百圆。查厦门虽在同安县所管境内，但该县另驻县治并无管理船行事务，应将此项全行裁革，又底账之外据各行户供称：向来洋船出口俱系同知派委石寻巡检押获至大担口外放洋，船行向有为巡检度备往回船只及所带弓兵饭令之费，每月约用银五十圆，因系雇备船只所需，是以未列入账。查此项既系在船脚价应于存留。以上底账内所开各项货用，共银三万六千九百圆。今拟存留一万四千八百圆，裁革银二万二千一百圆。在洋船各商贩事本出于情愿。今复裁灭费用每岁至二万余圆之多，以示体恤，自必倍加踊跃，而文武衙门吏胥兵丁均为的留用费，亦可杜需索肯勒之源，积弊既除，官方永肃，于海疆政治似有裨益，再洋船陋规之外，尚有乡船陋规一项，通计文武各衙门亦约有一万七千余圆，向来同知衙门官五役三分用，武职四分缴送提督。应将同知之五分，提督之四分全行革除。其余照向来之数量存一半，如有仍前滥取者，即严加究治，如此明立规条，则办公已属充裕，而洋行均荷皇恩。嗣后官吏人等亦无从籍端巧取，庶可永远遵行，如蒙俞允。即令闽省督、抚、提督等遍行出示晓谕，俾成知恪守。”乾隆仍朱批：该部议奏。

[35] 同注 [4]、注 [9]、注 [10]、注 [13]、注 [14]、注 [15]、注 [32] 及《高宗纯乾隆皇帝实录》卷七百十九《乾隆二十九年十二月十一日起居注》云：“大学士傅恒、刘统劝谕旨：福建厦门洋行陋规一案，因系旧日相沿，事与婪索败俭者不同。以降旨将甘国宝带领引见，仍加恩录用，以观后效。因思案内之谭尚忠、怀布、李逢年事同一体，著该部一并领引见，候朕降旨。”

[36] 同注 [32]、注 [35] 及《高宗纯乾隆皇帝实录》卷七百十九。

[37] 同注 [19]。

[38] 同注 [19]、注 [37]。

[39] 同注 [1]。

[40] 魏永竹：《两任台湾挂印总兵甘国宝》。

[41] 同注 [35]。

（原文 2009 年发表于福建省历史名人研究会甘国宝分会、中共福建省屏南县委宣传部编《纪念清代戍台名将甘国宝诞辰 300 周年文集》）

部议降署　初心不改

■ 陶敏辉

乾隆二十六年(1761 年)正月十六日，五十三岁的甘国宝升任福建水师提督。提督的全称是“提督军务总兵官”。清时为一省的高级武官。这是甘国宝阔别家乡二十八年后，第一次真正回到家乡任职。尽管当时闽粤南澳镇和海坛镇以及台湾府均属福建管辖，但是，都是海岛，特别是台湾孤悬海外，来往不易。

乾隆二十六年六月初五日，在任命甘国宝为福建水师提督的敕令中，乾隆皇帝阐述了福建水师提督的工作职责与注意事项，十分具体：

“皇帝敕谕提督总兵官甘国宝。兹特命尔提督福建水师等处地方，驻扎同安县厦门，统领标下中、左、右、前、后五营，管辖金门、海坛、南澳、台湾四镇官兵，专管防守地方、剿御贼寇、提调兵马、举劾武职贤否一切军务。尔须操练兵马，振扬威武，申明纪律，抚恤士卒，严明斥堠，防遏奸宄，修浚城池，缮治器械，整理战舰，相度地势险易，控制要害处所，责成该汛弁兵力图保障。凡所属官员兵丁，必须严加钤束，秋毫无犯，使兵民相安。各营额兵，务选补精强，毋容积猾老弱糜饷。至兵马实数，原系道臣查点，今停其查点，尔会同总督巡抚择武官内能干者查点，如有虚冒，尔即会同总督巡抚纠参，一应本折粮料会同抚道计处支给，不得冒滥多费。地方寇盗窃发，即统率该管将领，戮力剿捕，务尽根株，毋容推诿逗留，以致延蔓。如有贼众投诚，察其实心向化，即与安插，如招抚事体重大，移会总督巡抚奏请定夺。凡战守机宜须与总督巡抚同心筹划，务出万全。邻壤有事，互相声援。副将以下，果有实心办事、廉能著效者，即据实举荐。如贪暴庸懦，不能钤束部下，骚扰地方者，不时指参。用兵之际，有临阵退缩，杀良冒功，乘机抢掠，侵饷肥己者，五品以下，许尔会同总督巡抚以军法从事。一应钱粮词讼民事，皆系有司职掌，不得干预；文官迟误粮饷及隐匿贼情不报者，尔会同巡抚纠参，从重治罪。尔仍听闽浙总督节制，敕中开载未尽事宜，与总督巡抚相机参酌施行。尔膺兹重任，须持廉秉公，殚心奋勇，歼寇固圉，斯称厥职。如或偏执乖张，因循怠忽，纵寇殃民，贻误封疆，责有所归，尔其慎之。故谕。”

下达如此详尽的敕令，首先是由于福建水师提督的重要性。朝廷认为：“闽省远控外番、南洋诸国，商贩时相往来，贸易者或乘外夷多事，客艘夹带违禁物件，并奸徒混杂进口，尤宜密为防范。”其次是由于朝廷有本省武官回避任职的规定，甘国宝任福建水师提督属于特别恩准。第三也是乾隆皇帝对甘国宝特别关照，希望他在自己划定的范围内履行职责，不负皇恩。

甘国宝能否做到呢？应该说，在领兵治军打仗方面，他做得很好。甘国宝基于治台的经验，以为海防最为重要，他强调：“防陆者不可处于家，防海者不可处于陆。”虽然此时甘国宝已年过半百，仍然勤于巡视下属各镇，点验军装器械战船，检阅水陆操演，分别赏罚，甚至坐楼船，亲率小艇在水上巡逻，勤于防务。乾隆二十七年（1762 年），乾隆皇帝在杭州观潮楼检阅水师时，对福建水师极为满意，乾隆皇帝嘉许甘国宝治军有方，召见赐食，赏戴花翎，诰授荣禄大夫。

乾隆时期虽是盛世，但仍是多事之秋，这是因为乾隆时期全国人口剧增，远远超过历史上任何一个时期。乾隆末年发展到约三亿人，是人口较多的明代人口的三四倍。因此，乾隆时期的物价不断上涨。所以，乾隆时期是饥饿的盛世。乾隆十三年，清廷曾专门向各督抚询问米贵之原因，其中湖南巡抚杨锡绂提到的物价变化情况是“康熙年间稻谷登场时，每石不过二三钱，雍正年间则需四五钱，今则必需五六钱”。随之而来的是地价的惊人上涨：“向日每亩一二两者，今七八两；向日七八两者，今二十余两。”在这种情况下，社会矛盾剧增，各地常有叛乱发生。

作为朝廷的封疆大臣，甘国宝以服从命令为天职，平叛是常事。甘国宝是常胜将军，但是，民间总是把他的胜利与“虎精”的传说相联系。

在民间流传的故事中，有一则“阵前现虎”的故事。有一次，甘国宝与海盗黑龙对阵，那黑龙力大无穷，凶猛异常。在甘国宝与黑龙战得难解难分之时，甘国宝一声巨吼，如虎啸雷鸣，眨眼间他幻化为一只吊睛白额巨虎，目射凶光，口露利牙，腾空而来，势不可挡。黑龙吓得丢盔弃甲，扭头便跑。甘国宝乘势赶上，活捉了黑龙，并收黑龙为手下战将。甘国宝平匪的战迹总是老百姓茶余饭后的谈资，在流传过程中，添枝加叶都属正常，将主人公神话也是常用手法。而我们却可以从中感受到三百多年前甘国宝征战时的英勇。

在不干预地方行政方面，大家对他也没有不良反映。但是，就在乾隆皇帝没有预计到的地方，甘国宝出事了。甘国宝的事出在“陋规”上。

乾隆二十八年（1763 年），正当甘国宝忙于福建水师防务之时，胞弟甘国臣专差驰报，其父亲甘亨贵于九月十八日辰时在古田县原籍家中病故。甘国宝上奏清廷“所有提督印篆等项饬令中军参将温泰看管，并咨请督臣委员到厦接署”，奔丧归里守制，并在长岭村继续修造其父母的合葬墓。

甘国宝丁忧后，朝廷调广东提督黄士简任福建水师提督。

黄仕简抵任福建水师提督以后，经留心查访，得知厦门进出各口船只无论是海外的还是内地的，都得按名目不同交以数量不等的陋规银。他向乾隆皇帝密奏称，各衙门文武员弁每年大概能获取到陋规番银十余万圆，如总督每年一万圆，巡抚八千圆，将军六千圆，兴泉道一万圆，又另单七千圆，海防同知三万三千圆，又另单六千圆，关部一万七千圆，泉州府二千圆，同安县三千六百圆，南安县一千圆，又水师中军参将衙门每年约有九千圆。经中军参将温泰陆续开明细数清单，证明此项陋规已属确凿无疑。黄仕简上奏请求乾隆皇帝特派大员星驰赴闽，彻底清查。史称“厦门陋规案”。

所谓陋规，指的是有悖于朝廷明文规定的、历来相沿的、不良的陈规陋习，其实质是索贿与受贿。陋规是清代地方文武官员办理公事经费不足时，难以或缺的补充，它的起因与存在又有某种合理成分。

乾隆二十九年（1764 年）乾隆皇帝针对厦门陋规问题，多次发上谕：“顷闻得福建闽海关有每年勒取各船银钱，自总督以下朋分收受之事。现已派员前往彻底查办，自必水落石出。杨应琚从前曾任闽省，一切自必稔知。着传谕该督即将向来实在情形据实速行覆奏。此系向行陋规，即现任朕亦不欲深究，但欲知其详悉耳。杨应琚毋得稍存瞻顾。”

谕曰：“福增格系前任福州将军管理关务，朋分陋规之事，着传谕令其明白具奏。”

“谕军机大臣等，前因闽海关有陋规番圆，各衙门朋分收受一案。因命舒赫德等前往查办，并有旨传询杨应琚、福增格，令其据实具奏。旋据杨应琚覆奏，伊在闽年余实无其事。今福增格奏到，则称进口出口船只，向有汛地兵役巡哨人等挂号纸笔饭钱各费，尚有相沿未尽之陋规，此外并无抑勒侵分之事等语。前黄仕简所奏及海关有各衙门朋分银两为数累累，自当彻底根究。今杨应琚覆奏，并无其事，在伊或离闽省日久。至福增格甫经离任，且关务是其专责，岂有全无见闻之理。今因传旨询问，伊心怀畏惧，辄将向来巡哨人役寻常等费，枚举入奏。此等陋规各关大率相同。福增格尚且和盘托出，如果有朋分之项，谅不敢稍存隐讳，看来此事不尽属实。现在杨廷璋陛见来京，前曾谕舒赫德倘途遇该督，不必宣露。今既事涉疑似不妨面询之杨廷璋，转可悉此中实在缘由。而杨廷璋面告情形亦可知大半，似更易于查办，可将此传谕舒赫德，并令裘曰修知之。若杨廷璋已北上，则不必致信询问。”

乾隆皇帝一方面让当事人杨应琚、福增格“即将向来实在情形据实速行覆奏”，另一方面派舒赫德、侍郎裘赴闽调查。

舒赫德、侍郎裘在福建，经两个多月时间的查办，“先于洋行底账内，查出各衙门陋规数目，起于乾隆二十六年十月间，各行之私议。其二十六年十月以前，询系行户代官买物，只于承领官价之外贴垫价值，地方官并无竟收银两之事，各行户亦无登记簿籍。自二十六年十月定有数目以后，道厅各员收用陋规银两之外，复有买物令洋行垫价之处，底账内俱一一开载。”

舒赫德、裘曰修据此奏称：“总督杨应琚、巡抚定长若明知属员巧取朋分，并不究治，固属咎无可辞；即系平日未能觉察，亦有应得处分。况知府刘增、同知程霖俱系督抚保举之人，竟收受陋规盈千累万，督抚等亦应治罪。现已传旨着裘曰修暂署巡抚印务，令定长解任。”

乾隆皇帝接阅赫、裘奏折后，提出的处理意见是：“嗣据舒赫德等节次查奏，该提督所参一万八千陋规之说，俱属子虚。是杨廷璋等不致罔顾朕用人颜面，无所忌惮，至购买燕窝等物，定长惟沿习向例给价。而杨廷璋于此外复有令属员垫买人参、珊瑚、珍珠等物，仅照所开平价给发，致属员添价垫买，为婪收陋规借口。杨廷璋溺职负恩，罪实难逭。但此等陋习，料非仅福建一省为然。别省幸而不致败露，则亦姑置不究。今既讯有确据，岂可不示以创惩。杨廷璋擢任封疆以来，尚能实心任事，是以简用大学士，仍留总督之任，乃不能正己率属，致启属员巧为逢迎，借端欺蚀之渐，不但不堪表率封疆。即令其还京俱职，亦有何颜面复厕纶扉耶。姑念其宣力有年，齿复衰迈，不忍遽加摈斥。著加恩赏给散秩大臣，来京效力。定长本无大过，著从宽留任。”总督杨廷璋加恩赏给散秩大臣，巡抚定长从宽留任，泉州知府怀荫布等分别照“非因公务科敛律”和“求索所部财物律”，拟以绞候、遣发新疆效力赎罪。但是，对于其他涉案各级员弁收受陋规情节并未作深究。

乾隆皇帝对两钦差并未查出黄仕简原参“总督一万，巡抚八千”之关键情节，认为黄仕简有草率之嫌，大为不快。谕旨：“黄仕简不察虚实，率臆具奏本应议处，但所奏尚属有因，着从宽免其交部。”黄仕简被调离福建水师提督，其下属中军参将温泰亦未能幸免，从严发遣新疆。

“厦门陋规案”发生时，甘国宝任福建水师提督。因此，甘国宝也在审查人员之列。

在舒赫德、裘曰修的奏折中，是这样写的：

“臣等查办武员陋规，于温泰收发账目内查有前任提督甘国宝用去银三千三百圆；又甘国宝令标下将弁置买物件，领用银三千九百余圆。臣等查甘国宝系福建古田县人，现在丁忧，居住省城。随经奏明就近传询在案。

“兹臣等面询甘国宝，据称：‘前在水师提督任内时，到任一月后，中军参将及大担等汛委并缴进陋规。我查问缘由，据说中军衙门及大担等汛向有船行陋规，每月多寡不等，不知起于何时。中军衙门系参将自收，大担、厦港两汛，系将、备、千、把轮月巡查，以均苦乐。除该营汛公费饭食外，缴送提督十分之四，以为犒赏等项公用。历任俱如此办法等语。查同阖标将弁俱是如此。说我一时糊涂，因是相沿陋例，向来俱借此帮补办公，也就因循未能革除，当即谕令一概存贮中军衙门，不必按月缴进。遇有公用，我随时提取。我任内每遇春秋二操，南北巡洋，犒赏各镇、各管弁兵，及修理衙门、添补执事家伙等项，共提用过此项陋规，大约有三千圆内外。我也记不得确数了。我在任时买购货物，都是发官价交中军及标下将弁置办，官价原比市价较少，他们即将中军处汇存的陋规银两添补不敷的物价也是有的，因是陋规也从无销算的清账。如今据温泰等开出替我买的物件，将陋规添补三四千圆这账目，有无浮开，我也无凭查考。但我明知有此陋规，叫属员置买物件，止发官价，致他们将陋规贴垫。我如今也无颜与他们辩证。我身为提督大员，因循陋例，只说帮补公用可无妨碍，又贪便宜，叫属员买办物件，致他们将陋规贴垫。这是我武官糊涂，如今想来实与收受一样，我羞愧惶恐！实在有负天恩，罪无可逭，求将我参革，从重治罪，我死也惭愧无地，还有什么说处。’等语。

“查甘国宝明将海船陋规银圆交与中军存贮，随时提用三千三百圆。又令标下将弁置买物件，垫用三千九百余圆。虽据自称或系赏兵等项公用，或系将弁代买物件垫贴不敷。但其公用之项并无案据可凭，贴垫之项又系明知存有陋规，故行短发，即令陋规添用并不销算。业经取具亲供，应将甘国宝请旨革职，交部议罪。其所用陋规银两共计七千二百圆，应照追入官。为此谨奏请旨。”

乾隆皇帝对甘国宝的处理是：“福建厦门洋行陋规一案因系旧日相沿，事与婪索败检者不同。已降旨将甘国宝带领引见，仍加恩录用，以观后效。”“其情自与三人各别，着仍照部拟发往辟展效力赎罪。”（辟展即今新疆鄯善县）

早在乾隆十年（1745年），乾隆皇帝曾经在上谕中对此类案件定过处理原则：“从前福建纳谷捐监收受陋规之知府同知州县各官，经该部议以革职降调者，朕已降旨，从宽留任，分别六年、四年准其开复。今思通省各官降革留任者几及一半，其中不无才守可观，通达吏治，可以升补要缺之员，未免限于成例，必俟开复之后，方准题补。倘要地需人，在初任未经试练者，即请升调，于人地未必相宜。今再加特恩，着将收受陋规案内降革留任各员，准其照常升用。所有降革留任罪带于新任，限年开复，以示朕鼓舞吏治，振作人材之意。”可以说乾隆十三年（1748 年）以前，乾隆皇帝是十分宽容的。

乾隆十三年（1748 年）开始，乾隆皇帝掀起了惩贪风暴，对贪污的处理十分严厉，废除“还赃减等”条例，贪污一千两白银就杀头，无数贪官人头落地。即便如此，乾隆皇帝对社会及官场中普遍存在陋规，仍然采取了姑息和默许的态度。乾隆十六年（1751 年），谕曰：“福建巡抚潘思榘条奏承追亏空，请定章程以杜隐匿规避一折。刑部定议覆奏，俱照该抚所请，严定条例，以重考成。”实际上，皇帝的宽容发展成了宽纵，官员们更认为收受陋规与贪污究属不同。因此，终乾隆一朝，陋规禁而不止，到了乾隆后期陋规愈演愈烈了。

对于“厦门陋规案”的处理，乾隆皇帝自认为处理是公道的，他在谕旨中写道：“朕原情甄别，一切惟视其人之所自取，从来不肯稍有畸轻畸重，以乖明允之道。”实际上，如果对首犯是平调，甘国宝降职，还是有欠公平。

当然，甘国宝的错误是明显的。在舒赫德、裘曰修的奏折中，引用了甘国宝的陈述，基本上是白话文，应该说，甘国宝已经认识到了自己的错误，特别是还能认识到“实与收受一样”。

以今人的眼光看此事，笔者认为：首先，他与黄仕简同为水师提督，黄仕简“留心查访”，并敢于举报；而甘国宝“只说帮补公用可无妨碍，又贪便宜”。因此，可以说，当时甘国宝“廉”的这根弦松弛了。其次，他确实用了陋规银两七千二百圆，而且“添用并不销算”。

应该说，这是甘国宝一生的污点，一生的遗憾。此事对甘国宝的警示作用也是深远的，他教训自己的子孙：“居官廉慎，尽心报国，勿坠家声。”这是他的肺腑之言，也是他人生的一个新起点。

“厦门陋规案”期间，甘国宝还在丁忧，朝廷着其移孝作忠，从“拟发往辟展效力赎罪”，改为降调云南开化镇。甘国宝珍惜这个为国效力机会，即日起程去云南开化接任总兵之职。

云南开化位于西南边陲，与缅甸、老挝和越南接壤。当时，缅方企图脱离清政府的属国地位，阴谋叛乱，云贵总督认为非甘国宝不能弹压，故奏请朝廷将甘国宝调往云南。甘国宝征抚并用，很快就完成了使命。

甘国宝在云南开化镇总兵任上仅一年，乾隆三十年(1765年)，他又奉调署广东雷琼镇总兵。时值当地土著人中有一部分猖狂犯法，杀掠海南岛内二县民众。甘国宝接令后，牢记乾隆皇帝的教诲："用兵为国家要务，赏罚必期明允。为将军者于一切军务，果能奋往直前，身亲战阵，何事不可成就？"甘国宝到任后立即率领舟师，直趋五指山。上岸后即率轻骑兵，直入敌营巢穴，活捉其首领，不损一兵一卒，取得完胜。

龙漈武术与甘国宝

■ 苏旭东

屏南县甘棠乡北部，在秀丽的文笔山麓南面盆地之龙漈溪畔散布着漈下、洋头寨、板兜、小梨洋等四个甘氏聚居的村落。甘棠乡以漈下村为首的龙漈甘氏于明朝正统二年（1437年）自浙江入闽。龙漈甘氏民风淳厚，勤劳勇敢而直爽，崇文尚武，武风盛行，传统武术源远流长，人才辈出。在清朝，便有武进士甘国宝、武举人甘攀龙等名盛一时。乡村里还涌现出一批没有出仕的武林高手，如：漈下村的甘元品、甘六、甘曹、甘振湖，小梨洋村的甘好传等一代名师，在当时都武功超群，名闻遐迩。他们身怀绝技，行侠仗义，留下许多传奇故事。龙漈甘氏四村与武术有关的许多故事至今还为人们所津津乐道。

一、龙漈甘氏的繁衍

龙漈始祖甘细旷公于明朝正统二年（1437年）自浙江入闽，几经选择在漈下肇基，漈下旧属古田县管辖，旧称福建古田县横溪里二十二都龙漈下村，至今已有五百多年的历史。肇基以后，甘细旷留下四个儿子：甘思亮、甘思玉、甘思应、甘思库，其中甘思应于明天顺年间迁居洋头寨村，甘思库大约于明天启年间迁居建瓯刘地洋。漈下村主要由甘思亮、甘思玉两支进行繁衍。至龙漈第三、第四代，漈下村其他姓氏已渐次他迁，甘氏成为漈下村主要姓氏，成为当时古田县三大望族“一富达蓝、二漈下甘、三旸谷郑”之一。龙漈甘氏富甲一方，田产众多，在板兜、小梨洋建庄厝，对田产进行管理，甘氏三世甘良坦于明嘉庆年间由漈下迁出逐步定居板兜，甘氏五世甘朝隽、甘朝亢、甘朝主兄弟于明万历年间由板兜迁出，逐步定居小梨洋。形成了以漈下村为首的散布在龙漈溪畔的漈下、洋头寨、板兜、小梨洋等甘氏四村。雍正十三年（1735年）屏南建县，龙漈划归屏南管辖，漈下由古田县二十二都改为屏南县十都，因纯姓甘氏，多称甘漈下，漈下村成为“屏南八大村”之一。民国和新中国成立后，漈下都曾作为乡公所、区公所所在地。

随着龙漈甘氏的繁衍，人口的增加，又有甘氏子孙渐次它迁，并形成路下门里村、霞浦九斗洋两个甘氏聚居的行政村，熙岭溪坪濑、古田芹溪、政和前厝等甘氏聚居的自然村。期间龙漈甘氏子孙因致仕、经商、就业而迁居本县各地及福州、古田、南平、建瓯、建阳、邵武、顺昌、崇安等地。

发祥于龙漈的甘姓人口统计

	漈下	洋头寨	小梨洋	板兜	九斗洋	门里	溪坪濑	前厝	芹溪	县城	其他
户数	300	120	160	40	180	80	10	40	90	100	200
人口	1400	600	800	200	1000	400	60	240	500	500	1000

注：1. 本表依据《漈下村史（续甘氏家谱 1914—1991）》，其数据为当时的估计数。
2. 其他为迁居本县各地及福州、古田、南平、建瓯、建阳、邵武、顺昌、崇安等地。
3. 部分龙漈甘氏子弟迁居海外没有列入表内。

龙漈始祖甘细旷公自浙江入闽，肇基漈下。在古田，为古田“三大望族”之一；在屏南，为“屏南八大村”之一。五百多年时间里一直持续、稳健地发展、扩大。这除了劳作辛勤、生活节俭等勤劳因素，多方筹划、善于经营等智慧因素外，人人能武、不畏艰险等勇敢因素也起到了很重要的作用：

1. 在冷兵器时代，武术的作用是非常重要的，武术高手可以保证自己的财产不被掠夺、经营不被侵犯，修练武术是一个宗族自保和发展所必不可少的条件。

2. 乾隆元年因古田县地域广阔、不便管理，而析古田成立屏南县。历史上的一段时期，龙漈一带县治偏远，政府鞭长莫及、民风剽悍、匪患层出，乡村之间因山林田地之争而械斗不断，龙漈甘氏举族习武，不仅自保而且渐成一方豪强。

3. 现代法治社会，武术的作用已不如冷兵器时代，但习武而带来的强健的体魄、不畏艰险的精神也是人们锐意进取的基础。

二、龙漈武术

1. 龙漈武术史略

龙漈甘氏始祖甘细旷于明正统二年自浙入闽，肇基漈下，时系多姓杂居，甘姓是最后定居者，常受大姓排挤欺凌和盗贼骚扰。甘细旷次子甘思玉于明成化年间建城楼、开辟习武场，立登马墩，聘请武师，亲率子侄勤习骑射及兵器技术，甘思玉犹以身作则，不许子侄稍有疏怠。从而习武威名远播，盗贼不敢犯。

清初，龙漈甘氏七世甘元品，得到良师传授，武艺超强，好打抱不平。某日途经韦端村，适遇强贼围攻该村，甘元品毫不犹豫，毅然跃进，勇退群贼，使该村免遭蹂躏，村人感其德，立庙祀为“拓主”。

龙漈甘氏九世甘国宝勤文嗜武，中清雍正十一年（1733 年）殿试二甲八名武进士，屡迁重任，成为乾隆时期的高级将领，功绩卓著，彪炳千秋；又稍晚于国宝公之十一世甘攀龙，中清乾隆六年（1741 年）乡试第三十名武举人。

清乾隆、嘉庆年间，龙漈甘氏九世甘六、甘曹兄弟礼聘永春郑元辉师父至漈下传授武术。又机缘巧合，在建瓯得到郑元辉的叔父“永春五虎”之一的郑礼师父悉心传授虎尊拳秘诀。兄弟二人经多年苦练，终得虎尊拳真传，此后虎尊拳在漈下扎根，发扬光大。

龙漈甘氏十四世甘联璈于光绪二十二年毕业于南京江南水师学堂第一期驾驶班，民国三年授海军少将，民国十年署中国海军第二舰队司令，民国十五年授海军部军学司司长。

龙漈甘氏十四世甘好传原居住于小梨洋村村边“山厂”，拜江西一少林游僧为师，尽得梅花棍真传。从此，少林梅花棍在小梨洋生根发芽。甘好传艺成之后，常挑酒曲笋干等山货往返宁德诸地。某日遇劫匪，数匪持棍、刀，欲劫货物，甘好传仅以一条湿毛巾对付，匪落荒而逃。甘好传名盛一时，人称“闽东师”，即使挑运银圆，也无匪敢劫。

民国初期的龙漈甘氏十八世漈下村拳师甘振湖到建瓯小梦洲开

馆授徒，技退当地耍泼无赖的弟子。龙漈甘氏十五世甘茂元，挑米前往平湖出售时，严训恶商横行，破除刈米尾陋规。龙漈武师类似的故事还有很多：甘振河下浒战海盗、甘郑意夜战平湖街、甘明县在小湖空手夺刀活擒二贼等等。

1952年，漈下村甘沛恩参加南平地区运动会获得武术表演二等奖。“文革”时期，武斗盛行，龙漈大部分拳师都受聘到外地传拳与治伤，甘氏青少年习拳热情高涨，武馆大兴，涌现大批新秀。

改革开放后，群众练习武术的热情高涨，自动恢复武馆，全村计有八个武馆，甘沛恩、甘登居、甘福雍等老一辈武师悉心教授。这一时期女青年开始学习武术，徐传敏是其中的佼佼者。期间锄头功、板凳功、烟筒功、扫帚功、雨伞功、狼筅术、扁担操、田埂刀法、草耙法、砍刀法等在历史的基础上，又有新发展，成为龙漈最主要的表演武术，多次被央视、省电视台、台湾电视台等录制并播放。甘代松、甘久同、甘代佑、甘振锥、甘振秉、徐传敏、甘连赐等武师多次参加省、市武术比赛或会演，披金戴银，屡获佳绩。

2.龙漈练武习俗

以漈下村为首的龙漈甘氏武风盛行，传统武术源远流长，人才辈出。无论是二世祖甘思玉，还是甘元品、甘六、甘曹、甘振湖、甘好传、甘茂元、甘郑意以及现代的甘代松、甘久同、甘代佑、甘振锥、甘振秉等甘氏武师，他们在勤学苦练终有所成的同时，都把武术传承当作己任。甘氏二世祖甘思玉晚年再三叮咛子孙，既能武更能文，务望代代承继不得间断，方能立于不败之地，从而给后人持续习武奠定牢固基础。其他武师也都把在龙漈开馆授徒当作传承武术的一种方式，同时也成为他们的一种谋生手段。龙漈甘氏子弟也在历代武师声名远播、让人们津津乐道的见义勇为、打抱不平的故事中得到了激励和鼓舞，全身心地投入到武术的学习和修炼中。几百年来，龙漈在长期的武术教与学的过程中逐步形成其持久的练武习俗。龙漈的武术及其练武习俗正成为龙漈独特的一种文化现象。

龙漈的练武习俗主要有“订口”“催口”“完馆”等。“订口”即宗族内部确定有几个武师可以授徒，并确定几个习武场所，由师父和徒弟双向选择，确定习武对象，择一黄道吉日祭拜先师后开馆授徒。“催口”一般是在每月的初一、十五，由徒弟们半夜偷一只公鸡进行会餐，被偷公鸡的主人次日要大骂偷鸡贼，而且要越凶越好，以锻炼徒弟们以后行走江湖的胆量和能力（新中国成立后这一习俗已基本废除）。[1]“完馆”是临近春节武馆闭馆时，徒弟们每家每户做几道菜，集中在武馆会餐，以酬谢师父长期的教导。

每一次从“订口”到“完馆”称之为“一馆”，通常为60天（各馆之间略有不同），龙漈甘氏子弟一般都学有一、两馆，但龙漈武术丰繁复杂，要成为一个武术好手不是一、两馆就能学到手的，只有那些有兴趣、有能力、有财力的甘氏子弟才会“一馆”接“一馆”由浅到深地学下去，最后融会贯通，掌握其技艺。

三、甘国宝戎马生涯

甘国宝（1709—1776年），字继赵，号和庵，祖籍屏南漈下，清康熙四十八年农历己丑年五月十四日辰时出生于小梨洋村。清代名将，一生戎马倥偬四十余载，不但治军严谨、戍边尽责、守土有方，且体恤兵民、热心公益、多才多艺。

国宝自幼聪颖好学，雍正五年（1727年）中武秀才。雍正七年（1729年）中武举人。雍正十一年（1733年）中武进士，会试第三名，殿试二甲八名，选授三等侍卫。乾隆三年（1738年）授广东右翼镇标中军游击。乾隆五年至十六年（1740—1751年），历任广东南雄副将、督标后营（兼署督标水师）参将、肇庆水师参将、虎门香山副将、春江水师副将、洞庭水师副将。乾隆二十年至二十四年（1755—1759年），相继出任贵州威宁、山东兖州、江南苏松、浙江温州、闽粤南澳、福建海坛等地总兵。

乾隆二十四年(1759年)十月，国宝任台湾挂印总兵，皇帝御批：“此系第一要任，非他处可比。”国宝采取“严疆界、谨斥堠”的治理措施，严禁汉人侵入少数民族地区，促进迁台居民与当地土著民族的和睦团结，使“兵安其伍，民安其业”。

乾隆二十六年（1761年），国宝擢升为福建水师提督。国宝勤于防务，他告诫僚属：“防陆者不可处于家，防海者不可处于陆。”经常坐楼船率小艇沿海巡逻，使海疆日趋稳定。高宗嘉其功绩，诰授荣禄大夫。

乾隆二十九年（1764年）六月，国宝因厦门陋规案，降调云南开化镇总兵。时有缅甸匪徒蠢动，总督刘藻乃以国宝镇守永顺，缅甸匪徒闻悉国宝威名，不敢轻举妄动。三十年（1765年），谕旨调国宝为广东雷琼镇（今属海南）总兵，时黎区叛乱，国宝亲自率领士卒轻骑直入黎区，擒获黎首，不损一兵，不折一卒，平息了事态。[2]

乾隆三十一年（1766年），国宝复调台湾任挂印总兵。期间破社民杀了一家九命而嫁祸到生番案；擒获匪首董六，肃清了六斗门匪乱等，使台湾"盗敛迹、民居无警，兵民安揖"。[3]

乾隆三十二年（1767年），升任广东提督。次年，乾隆帝召见国宝，御赐亲手书"福"字及其他珍贵物品。

乾隆三十四年（1769年），补授福建陆路提督。时有王天送在漳泉交界覆鼎山竖旗为匪，国宝挑选忠勇士兵，连夜赶往覆鼎山围捕，王天送及其党羽全数被捕，无一逃遁。乾隆四十一年（1776年），国宝奉命出巡福建八府，途经泉州时，因病不治而逝，终年68岁，葬于福州北关外猫儿山。

甘国宝戎马一生，成为清朝镇守边关的高级将领，其一生武功主要体现为：

1. 武艺高强、胆识过人。甘国宝戎马一生，屡屡身先士卒、深入贼穴。

2. 治军严明、体恤士卒。甘国宝治军严明，队伍所过之处，不惊动市井，不扰乱民众，领军尤能体恤士卒，所统帅的部队都有很强的战斗力。如：国宝第一次任台湾挂印总兵，采取"严疆界、谨斥堠"的治理措施，加强巡查，严禁汉人侵入少数民族地区，使"兵安其伍，民安其业"；国宝任福建水师提督期间，告诫僚属："防陆者不可处于家，防海者不可处于陆。"经常坐楼船率小艇沿海巡逻，使海疆日趋稳定；国宝还埋葬无嗣兵士，将死亡在戍所的兵士骸骨，送回其家乡安葬……致使"缅匪素闻府君威名勿敢动"。

3. 戍边尽责、守土有方。甘国宝两度出任"此系第一要任，非他处可比"的台湾挂印总兵，因治台有方，注意搞好汉族与高山族之间的民族关系，深得军民爱戴，以至离台时，当地百姓送万民伞、万民旗，同舟送行到鹿耳门，不忍分手。

4. 心系海防、擅长水战。甘国宝担任过的水军将领的职务有：督标后营（兼署督标水师）参将、肇庆水师参将、春江水师副将、洞庭水师副将、福建水师提督等。担任过与闽粤海防相关联的将领的职务有：广东右翼镇标中军游击、广东南雄副将、虎门香山副将、闽粤南澳总兵、福建海坛总兵、台湾挂印总兵、广东提督、福建陆路提督等。国宝戎马一生，虽建牙七省，但国宝一生的精力主要是在闽、粤、台以及浙江、海南等东南沿海担任将领，维护祖国的海权，这在对海权还不是非常重视的清朝，国宝的功绩尤显重要。

四、龙潦武术与甘国宝

1. 龙潦传统武术与甘国宝所练武术的不同

龙潦传统武术主要是指拳术、棍术以及由拳术、棍术演化而来的以生产、生活中所使用的器具为兵器的武术和青草药治伤技术。在冷兵器时代，龙潦县治偏远、穷乡僻壤、民风骠悍、匪患层出，乡村之间因山林田地之争而械斗不断，所以各个村落都习武以自卫防身。在那个年代大量的武术练习者不是士兵、武士，而是地道的农民，出于实用、便利的需要，决定了龙潦的传统武术鲜有职业武士使用的刀、枪、剑、戟、斧、钺、钩、叉等专业的兵器，而主要是拳术、棍术，以及由拳术、棍术演化而来的以生产、生活中所使用的器具为兵器的武术，还有利用当地出产的青草药进行治伤的技术，是地道的农民武术。

清朝武举考试分一、二、三场进行。一、二场试了弓马技勇，称为“外场”；三场试策论武经，称“内场”。一场试马上箭法。二场考步射和技勇，技勇一共三项：1. 头项拉硬弓，2. 舞大刀，3. 拿石礩子。三场是考文，也称“内场”，考策、论文章。“策”相当于问答题，“论”是按试题写一篇议论文。甘国宝是为了科举应试的需要，根据应试的内容而练习武术，主要练的是箭法、头项拉硬弓、舞大刀、拿石礩子（龙潦仍保存有考试用的石礩子）等，是一种应试武术。

农民武术和应试武术不管是内容上，还是形式上都有很大的不同。

2. 龙潆的武术氛围孕育了甘国宝

龙潆武术历史悠久，闻名遐迩，人才辈出。从始祖定居潆下后，为免盗贼、土匪骚扰，开辟习武场，立登马墩，而聘请武师到村中习武，甘氏二世祖甘思玉晚年再三叮咛子孙，既能武更能文，务望代代承继不得间断，方能立于不败之地。龙潆甘氏子弟形成持续习武的良好传统，营造出浓郁的武术氛围。

值得一提的是甘元品，甘元品是甘国宝叔公辈，但其活动年代只比甘国宝略早，大约在甘国宝青少年时甘元品正好壮年。甘元品少有大志，外出寻访名师，练就一身精湛的武艺，在海上从事贸易活动，因武艺高强，曾被海贼诓入海岛，拜为师父。后辗转回村，回村后组织甘氏子弟练习武术，形成龙潆的一个习武高潮。甘元品的武艺深深地影响了甘国宝，同时甘元品的海域、海权、海上贸易等知识也扎根于甘国宝的思想。

清初，通常认为在龙潆所练的武术是跑马射箭，但因为在甘国宝之前，龙潆没有出过像样的以武致仕的人物，所以跑马射箭在当时的龙潆是什么样的地位还有待考证。虎尊拳又是略晚于甘国宝的甘曹、甘六兄弟从永春学回来的。但不论跑马射箭也好，虎尊拳也好，应试武术也好，农民武术也好，虽然它们的内容和形式有很大的不同，但它们的目的和精神都是一样的，其练习技巧、锻炼功力，最后克敌制胜，并形成不畏艰险的精神是一致的。

在龙潆浓郁的武术氛围里孕育出了一代名将甘国宝。

3. 甘国宝的成就极大地鼓舞了龙潆练习武术的热情

甘国宝所处的年代虽是“康乾盛世”，但也是多事之秋。他一生转战南北十个省份，担任军中要职，屡立战功，深得乾隆帝赏识，被皇帝视为心腹栋梁，曾多次被召见、嘉勉、褒奖，并赐御书“福”字，诰授荣禄大夫，达到当时汉人所能达到的最高品级。甘国宝两度出任台湾挂印总兵，因治台有方，注意搞好汉族与高山族之间的民族关系，深得军民爱戴，至今仍将其祀于忠烈祠中。

甘国宝的成就使龙潆甘氏子弟认识到通过习武可以致仕，可以光宗耀祖，可以保家，还可以卫国。因此甘国宝的成就极大地鼓舞了龙漈甘氏子弟练习武术的热情，从而习武之风更盛，龙漈武术威名远播，成为当地有名的“武术村”。

参考文献

[1] 屏南县志 [M]. 北京：方志出版社，1999.

[2] 屏南甘棠甘氏族谱 [Z].

[3] 福建省通志 [M]. 福州：古旧书店，1938.

[4] 蔡新. 清代戍台名将甘国宝——甘国宝行状 [M]. 北京：中国文史出版社，2006.

[5] 魏永竹. 两任台湾挂印总兵甘国宝 [M]. 北京：中国文史出版社，2006.

[6] 佟红梅. 清代武举外场考试述略 [J]. 内蒙古社会科学，2009（3）.

[7] 王镜轮，向斯. 明清禁卫军 [M]. 北京：中国工人出版社，2008.

[8] 苏瀛汉 鹤道 [G]. 永春怡诚武术研究会，2000.

[9] 甘乃洵. 中国近代海军少将甘联璈 [N]. 白水洋乡讯，2009-4-30.

[10] 清朝官员品级 [EB/OL]http://www.xywq.com/xueshici/7-cankao/files.

[11] 清代武举外场考试述 [EB/OL]http://service.wanfangdata.com.cn/File/view.

甘国宝资料图片

■ “福”字匾

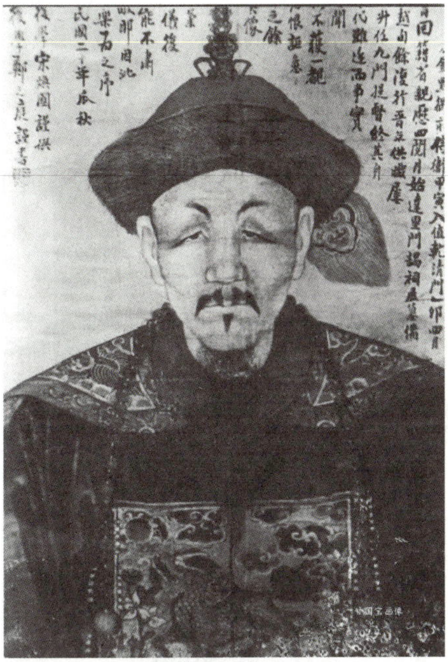

■ 甘国宝画像（1931 年）

■ 甘国宝雕像（正面）

■ 甘国宝雕像（侧面）

甘国宝指虎画

甘国宝指虎画

■ 在厦门的摩崖石刻“瞻云”（甘国宝题）

■ 在厦门的摩崖石刻“曼倩偷桃”（甘国宝题）